生まれたその日からの本当の子育てバイブル

問題が起きてから対処法を学ぶより、
問題が起きない子育てを学びましょう

岸本尚子
KISHIMOTO Naoko

文芸社

はじめに

私の子育て研究が始まったのは、大学1年生のときでした。きっかけは、家庭教師を始めたことです。

私の母も、子育て本を書けそうなほど子育て論を持っている人で、子どもの頃から、「あなたを育てる上で、こういう点に気をつけた」というような話はたくさん聞いてきたのですが、家庭教師として生徒の家の中に継続的に入り、親子の会話、親の関わり方、子どもの様子などを見ていくうちに、「こういうふうに接するから、子どもがこういう姿勢なんだなぁ」ということが、どの家庭でもはっきりと分かるようになっていったのです。その後も「将来、自分の子育てに生かそう！」と、子どもが生まれるまで、一〇〇以上の家庭で、親子の関係をこっそり研究し続けてきました。

その中で特に気になっていたのは、小学校中学年ぐらいになると、「分かる、できるということに対する喜び」をすでに失ってしまっている子どもたちが一定の割合でいることでした。

この子たちは、いつ、どうして、それを失ってしまったのだろうという疑問を抱くと同時に、新しいことを知るワクワク感、できたときの爽快感は、一度失うと取り戻せないものだと感じたのです。

その疑問の答えは、長男が生まれてからまもなくして分かりました。

私はそれまでの経験から、子どもの好奇心だけは絶対に奪わない！と心に決めていたので、好奇心からくる行動をやめさせないよう、注意して観察していました。

好奇心からくる行動に敏感になると、他のお母さんたちが子どもの好奇心の芽を摘む言葉にも敏感になり、世の大人がいかに子どもの好奇心を奪っているか、痛感したのです。

舐めちゃダメ、引き出しを開けちゃダメ、あれもダメ、これもダメ……。

子どもの行動のほとんどは好奇心からくるものなのに、こんなに制限されれば、好奇心がなくなっていくのは当たり前のこと。あぁ、大学のときから気になっていたあの子たちは、きっとこんなに幼いときから好奇心の芽をずっと摘まれ続けていたんだ、と感じたのでした。そして、幼児教室で講師をする中でそれは確信に変わりました。

でもきっと、どのお母さんも、まさかそれが子どもの好奇心を奪うことになるなんて、想像もしていないでしょう。どう接すればどう育つのかということは、子どもを生む前も、生まれてからも、誰も教えてはくれないのですから。

子どもが生まれてからも、役所が教えてくれるのは、離乳食のことや月齢ごとの発達の目安だけ。接し方の教科書はなく、あるのは自分が親にされた子育ての「当たり前」。こんな現状ですから、多くの人が無意識に、自分の当たり前、自分の固定観念だけで子育てをしていると思います。

そして今、子どものためにと一生懸命になればなるほど、子どもの可能性を潰し、子どもとの溝ができるという親子も多いように感じています。子どものことを想い、子どものためにと思う親たちが、きちんと子どもの能力を伸ばしてあげられる、そんな子育てのバイブルになればと思っています。

目次

第2章　0歳後半　53

第3章　1歳　85

第1章　0歳前半

私が勤めていた幼児教室は0歳2ヶ月からが対象でした。0歳2ヶ月からの幼児教育って、一体何をするの⁉とよく驚かれたのですが、生まれた瞬間からできることはたくさんあります。カリキュラムについては本書では触れませんが、カリキュラムよりも大切なことを、この章でお話ししたいと思います。何事も初めが肝心、これから始まる子育てについて、一番大切な「親としての芯」を持てるよう、いろいろなことについて考えを深めていってくださいね。

◆3歳までで子育ては半分終わる

私は「子育ては３歳までに半分終わる」と思っています。世間で幼児教育といわれているのは、幼稚園児くらいの年齢を指しているように思いますが、それでは遅すぎるのです。もちろん、子どもの能力は幼稚園の時期にも、小学校の時期にも、どんどん伸ばしてあげることができます。しかし、実際には、**2歳になる頃には親の育て方の土台ができ上がってしまいます**から、賢くなる育て方や、良い親子関係といったことは、**3歳までにはすでに方向が決まってしまう**のです。

子どもがどう育つかは、親の育て方次第！　何事も初めが肝心！　困ってから対処するより、3歳までに困らないように育てる方が親も子も楽しい！　というのが本書でお伝えしたいことです。ですから、なるべく早い時期に読んでいただけるのが理想ですが、もちろん子どもが3歳を過ぎてから、この本を手に取られた方も、まだまだやり直すことはできます。

ですが、それまでに築き上げてきたものから方向転換することは、かなりの決意が必要なので、根気強く頑張ってほしいと思います。

◆脳の発達は3歳までに80パーセント

幼児教育について少し調べてみると、3歳までに脳は80パーセントでき上がるということは比較的簡単に出てくるでしょう。幼児教育界では今や常識といえますが、これは何十年も前から分かっていたことなのに、まだ世間に浸透しているとはいえないのが現状です。これは子どもに関わる全ての人が知っておくべきことだと思います。

中でも**0歳の1年間は、最も急速に脳が発達する期間**。全てのことは、脳細胞同士がシナプスで繋がることで発達していきます。3歳過ぎまでにシナプスは繋がり終わり、繋がったシナプスの中でも、電気信号が頻繁に通らなかったものは不要なものとして退化さえするのです。ですから、子どもの能力は、3歳までにいかにたくさんのシナプスを繋ぎ、そのシナプスにいかに多く電気信号を流すかにかかっています。

2歳や3歳ならまだ想像ができても、0歳や1歳の小さな子どもにどんなことをすれば、シナプスがたくさん繋がるのか、全く想像もできない方がほとんどかもしれません。本書では細かいカリキュラムには触れませんが、お母さんのお腹から出てきたばかりの子どもにとっては、見るもの、聞くもの、触れるもの、匂いも何もかも、全てが新鮮な体験です。「新しい体験が新しくシナプスを繋げること」と思っておいていただくだけで、ヒントになるのではないかと思います。

◆何よりも大切なのは親子の関係

シナプスはもちろん大切なのですが、幼児教育のカリキュラムよりも私が皆さんにお伝えしたいことは、親子関係の築き方です。

初めにお話ししたように、3歳になる頃には親子関係の土台はでき上がります。子どもをどんな目で見るか、子どもにとって親はどんな存在か、その親子関係こそが、子どもの能力を左右し、のちの子育てを難しくしたり、楽にしたりするのです。イヤイヤ期なんて育て方次第です。

幼児教室の講師時代、3歳までの幼児教室に来られる方はというと、当然、子どものために何かできないかと考えている方たちばかり。しかし、２歳を迎える頃にはすでに親子の関わり方はでき上がりつつあり、どんなに科学的につくり上げられたカリキュラムに従っても、その親子関係によって、カリキュラムの効果の程度も違ったのです。

教室では、親子関係についての育児講義もありました。私にとっては、この育児講義こそが、この教室の真髄だったのですが、親御さんの意識は、なんとかして我が子にカリキュラムのアクティビティーを受けさせようという方向にいってしまいます。月齢や発達に合わせた遊び、発達の順序を飛ばさないこと、それは本当に大切なことです。ですが、アクティビティーを教室で週１回しても、おうちでさらに取り組んだとしても、やはり**24時間の中で大部分を占めているのは、何気ない日常生活の、親子のコミュニケーションなのです**。

親が子どもに何かさせようとすればするほど、子どもはしたがらないという負のスパイラルに、２歳を前にして、早くも入ってしまう親子もいました。**どう接するか、どう育てるかこそが、子どもを伸ばすノウハウなのです。**

どんなに親に学力や才能があっても、科学的に証明されたカリキュラムに沿って知育をしても、**親が子どもをどう見るかが、子どもにとって何よりの環境**であるということを、親になる全ての人に知ってもらいたいと思っています。

◆子どもにとって親はどういう存在か

自分の才能を発揮できる子ども、強い信頼で結ばれる親子関係を築ける親とは、どんな親でしょうか。

どんなときも、表面的な行動や結果ではなく、子どもの気持ちに寄り添い、行動を正すことはあっても決して子どもの人格や存在そのものを否定しない、世界で一番の味方ではないでしょうか。

無意識に親子関係を築いてしまう前に、親とはどんな存在か、自分の軸をしっかりと持っておくために本書をぜひ生かしてほしいと思います。

偉人たちの母がそうであったように、子どもの能力を誰よりも信じ、周りの目ではなく本当に子どもにとって良い道はどれかを考え、そっと導いて見守れる、そんな親であってほしいと思います。

◆まずは意識的に生きましょう

子育てをする上で一番難しいのは、ほとんどの人が**日常生活のほとんどのことを「自分の当たり前」で無意識にしてしまっている**ことかもしれません。

自分が育ってきた環境、親から言われたことが知らず知らずのうちに「自分の当たり前」になり、子どもが生まれると、何気ない声かけも全て、何が「自分の当たり前」なのかも気づかずに、きっと同じようにしていくことでしょう。

心理学でも、人は親にされたことと同じことを子どもにするといわれていますが、それは虐待をしてしまうとかそんな大きなことだけではなく、一言一句全てのことだと思うのです。だから、賢い人の子どもが賢くなって、遺伝だと思われてきたのでしょう。それは遺伝子が遺伝したのではなく、いわば環境の遺伝です。

ですからまずは、「自分の当たり前」を意識して考えてみたり、自分の知らない情報、違った考え方に触れてみてください。知った上で、やはり自分のやり方は変えないでおこう、というのと、無意識のうちにしてしまうことは全く違います。無意識に子育てをしていると、困ったことが起きて「なぜこうなったんだろう」と後から考えても、理由は見つけられないでしょう。

子どもの行動はどんなことも「こういう環境だからこうなった」と全て説明がつくものです。つまり「こういう子になるよう、こう声をかけよう」と常に意識することで、**子どもの性格や能力は導くことができる**のです。どういうことに目をつけて、そのためにどうすればいいのか、なるべく具体例を交えながら進めていきたいと思います。

◆子育ての全体像

子育てというと、子どもが何歳になるまでを想定していますか？　子育てのゴールは、子どもが自立すること。子どもは、何歳でどれくらいしっかりするものでしょうか。子育ては大学を卒業して就職するまで？　もちろん、金銭的な支援はそのぐらいでしょう。大学は奨学金で、というご家庭もあるかもしれません。ですが、子どもが精神的に自立する時期を高校や大学卒業のときだと想定していては、子どもは自立できません。

なぜなら、**人間の脳は12歳で１００パーセント完成する**といわれているからです。小学校6年生には、大人と同じ脳ができ上がるということです。

もちろん、大人に比べ、経験は少ないですから、判断に使う材料はまだ少なく、大人から見れば考えが浅いように思えるかもしれません。ですが、もう脳が１００パーセントでき上がっているのですから、**経験や知識ではない、能力という点では、大人と同じ**なのです。

私は中学受験指導を受け持つことが多いので、いろいろな6年生と、その親を見てきました。私から見れば、幼稚園児でもすでに大きな差ですが、6年生にもなれば、まるで誰が見ても顕著な差です。大人顔負けのスピーチや討論ができる子もいれば、まるで幼稚園児のような子もいます。幼稚園児のように泣き暴れる6年生が、中学に入ったから、高校に入ったから、といって急にしっかりするわけではありません。

なぜそうなったのか、それは**年齢相応の自制心や、物事への理解、未来を見通す力**を身に付けてこなかったからでしょう。

全てが0歳から始まっています。世間の常識にとらわれず、子どもが今理解できること、身に付けるべきことを、無理なくひとつずつ着実に積み重ねていくことで、今まで考えられていた「普通」より、確実に早く発達することでしょう。そして自立のためのステップを踏み、12歳で対等に話し合える子どもに、15歳で自分の人生についての決断ができる子どもに、を目安にしましょう。

◆子育ては唯一無二のビッグプロジェクト

子どもはみんな天才とよくいいますが、勘違いしてはいけません。確かに生まれてすぐの子どもは生きていくため、世の中のことを知るため、大人が思う以上の情報処理能力と理解力を持っている、天才です。そして、これからどんな能力も身に付けることができる、真っ白な状態でもあります。どれくらい真っ白かというと、手のひらに何かが当たると反射でパッと握るけれど、どこにどう力を入れれば離せるのかすら分かりません。これはまだその部分のシナプスが繋がっていないからです。

初めにも書いた通り、体を動かすこと以外も全て脳細胞同士がシナプスで繋がり、電気信号が何度も通ることで能力を獲得していくのです。３歳までにどれだけシナプスを「たくさん」「しっかり」繋げるかにかかっているのです。性格も、知能も、運動能力も全てが育て方で決まるのです。

遺伝は顔かたちでしかありません。子育てがいかに重要な事業かを理解して、丁寧に、計画的に、そして時には臨機応変に、取り組んでいただきたいと思うのです。育て方次第で天才にも凡人にもなるとは責任重大ですよね。

これは**１人のヒトをどんな人間に育てるかの一大プロジェクト**です。しかも親にしかできない。その上、一生に数回のプロジェクト。できればフルタイムでの仕事復帰を焦らず、このプロジェクトにぜひ真剣に、そして楽しんで取り組んでほしいと思います。

◆子育てを楽しみましょう

ところで、子育てってどんなイメージですか？ 大変？ 自分の時間がなくなる？ これは子育てに限らず、どんなことにも当てはまりますが、「大変」だと思って取り組むと、「大変」としか思えません。「大変」なところばかりに意識が向くというわけです。

ですが、**世間では「子育ては大変」というイメージが先行しすぎている**ように思います。子育ての大変な面を取り上げられることが多いからでしょうか。実際、世の中の親の多くは、程度は違えど、「子育てって大変！」と思いながら子育てをしているのだと思います。

しかし、私は子育てが大変だと思ったことはありません。私の母も子育ては人生で至福のときだったと言います。つまり、私には元々、「子育ては大変」という先入観がありませんでした。

実はこの先入観がとても重要です。あなたが実際に子育てをしてみて「大変だなぁ」と感じるのは、あなた自身の考えですが、する前から、「子育ては大変なのが当たり前」「2人になったらもっと大変」「男の子2人なんて大変すぎる！」なんて思っていたとしたら、それはあなたの考えではなく、ただの先入観ですよね。そして不思議なことに、そういう先入観を持っていると、大変そうな親子ばかりが目に入ったり、同じ話を聞いても大変そうに聞こえたりと、**「大変」というところばかりが見えてしまうもの**です。

我が家は男の子2人ですが、何も大変ではありません。どうせ先入観を持つなら、良いイメージのものにしましょう！　子育てを楽しんでいる人の話をたくさん聞き、楽しいイメージをしてくださいね。**親が笑顔でいる時間が長ければ長いほど、子どもの知能も高くなるのです。**

◆早生まれのこと

先入観の話が出たので、早生まれについても触れておきたいと思います。

早生まれというと、どんなイメージですか？　同学年の他の子と比べて幼いという先入観がある人が、多いのではないでしょうか。私はというと、今まで出会ってきた人たちのイメージとして、「早生まれの人って賢い人が多いなぁ」と思っていました。

早期教育が大切だと分かってからは、「早生まれだと、月齢が1年近くも上の子どもと同じ学年になり、その子たちと同じことを早い時期からするから、賢くなるのかな？」と思っていました。大変だと思うと大変なこととしか目に入らないように、全ての物事は自分の考えた通りにしか見えないのです。ですから、私の長男は3月生まれですが、学年の中で知能において後れを取っていると感じたことはありません。

もし早生まれはかわいそう、幼稚園や学校で大変そう、というイメージを持っている方は、そうでもないかも？　と思っていただければと思います。親が「うちの子は早生まれだから、みんなよりしっかりしてなくて」というのは、ただ早生まれを言い訳にしているだけ。そう言う親の多くは、子どもが6年生になっても「うちの子は早生まれだから」と言います。もう脳は100パーセントできているのに！　逆に、同じ学年の子と同じように、と意識的に取り組んだ結果、知能が高くなるという子どももいるのです。

「早生まれだから」しっかりしない子になるのか、「早生まれだから」早い月齢で同じ学年の子同様にしっかりするのか、親が早生まれをどう捉えるか次第なのです。

◆IQの計算

早生まれだと、もちろん、0歳1ヶ月と1歳0ヶ月では発達の度合いはとても追い付けません。ですが、例えば3年保育で幼稚園に入園するときは、4月生まれさんは4歳0ヶ月（48ヶ月）で、3月生まれさんは3歳1ヶ月（37ヶ月）です。平均とされるIQ100の4歳0ヶ月と、同じ知能にするには、48ヶ月程度の発達÷実際の月齢

37ヶ月×100で、約130。幼児のIQ130は、難しいことではありません。**早生まれの子どもは、幼稚園入園までにIQ130を目安にしておけば、何の心配もありません。**

◆何も分からないと思わないこと

先入観、自分の当たり前、これらは常に考えて、なるべく**フラットな状態で物事を見るように、**「本当にそれが一番良い方法かな?」と立ち止まって考えられるように、意識し続けておいてほしいと思います。

親が子どもをどう見るかが子どもにとって一番の環境であると書きましたが、生まれたときから何よりもまず、**「まだ何も分からない」という目で子どもを見ないこと**が大切です。

早生まれの話と同じですが、「まだ何も分からない」と思っていると、1歳になっても2歳になっても、「まだ何も分からない」をベースに子どもを見てしまいますから、子どもは当然「まだ何も分からない」子どもに育っていきます。６年生になっても「この子はまだ何も分からない」という親も多く見てきました。何度も言いますが、６年生の脳は大人と同じですよ！　その６年生が「まだ分からない」のは、知識と経験のなさでしかありません。

何事も初めが肝心！　どんなことでも、日々子どもが今分かる範囲で、できる限り教えていくことが、子どもの世界を広げていくのです。

「まだ分からない」のは、「まだ知らないから」。親をはじめ、大人がまだ教えていないだけのこと。身の回りのことはもちろん、自然のこと、社会の仕組みのこと、どんなことでも常識の範囲内で語りかけるだけで、就学前に、算数、国語、理科、社会、英語の基本は身に付くでしょう。

子どもは知りたい、できるようになりたいという強い欲求を持っています。この欲求に親が敏感になり、しっかり応えてあげることで、子どもはどんどん伸びていきます。

◆子どもの立場になってみましょう

さて、子どもは生まれたときは真っ白な状態だとお話ししました。全く何も知らない状態ってどんな感じでしょう？　想像してみてください。物を持っている手を開けば、物が下に落ちることすら知らないのです。子どもが物を落とすのを叱る親がいますが、私は息子が物を落とすのを見て、「なんで上にはいかないんだろう、って思っているのかなぁ〜」なんて思っていました。**子どもの今の理解度を常に正しく把握し、その立場を想像してみるということは、正しくコミュニケーションを取るためにとても大切なこと**ですから、いつも意識しておきましょう。

子どもから見るとどう見えているのか、子どもはどう感じているのか、と想像することで、問題のほとんどは解決するかもしれません。自分から見た主観的な世界のみで生きていることが、子育てに限らず、さまざまなトラブルの元になっているわけですから。

子どもは、全てにおいて何も知らないところから、何度も何度も経験しながら理解し、身に付けていくものです。そう思うだけで、少なくとも3歳まで、怒る、叱るというようなことはほとんどなくなるはずです。

多くの大人の怒る理由に、「何度言えば分かるの！」があると思いますが、何かを身に付けるときに、1回や2回言われただけでできるようになったことって、振り返ってみればほとんどないのではないでしょうか。何度も練習して、できるようになったと思っても失敗したり、時にはするのを忘れたり。

子どもも同じです。シナプスも、一度電気信号が通ったぐらいではちゃんとは結び付きません。全てのことが練習中なのです。**何回言ったら分かる、ではなく、分かるまで何度でも**教えてあげましょう。そして何より、**子どもの行動が理解できないのは大人の想像力不足**です。子どもの責任ではありません。

「どうしてそんなことするの！」ではなく、「どうしてそんなことするんだろう？」「どうしてしないんだろう？」いつでも、まずはそう考えてみる習慣が、子どもの気持ちや目線を理解していくことに繋がり、きちんとコミュニケーションの取れる親子関係を築くことに繋がるのです。

◆子どもの根底に絶対的安心感を

初めは親子関係も真っ白な状態。人間は立つこともできない、生物として未熟な状態で生まれてきますから、ただただ親に完全に依存して、本能的に、「生きよう」とするところから始まります。まずは生まれてきたこと、生きていくことに絶対的な安心感を与えてあげたい、そして親がその安全基地であろうということを私は意識しました。

親が安全基地であるためには、子どもが泣いても動じず、どっしりゆったりと構えることが大切です。というのも、まだヒトという動物に近い子どもにとって、**大声を出す姿や慌てている姿、怒っている姿などは、全て動物としての弱さの象徴**なのです。小さい犬がよく吠えるのと同じというわけです。叱ることすら弱さの象徴になっていることに大人は気づくべきです。何があっても「大丈夫だよ」と言ってあげられるよう意識しておきましょう。

また、笑いとは人間のみが持つものですから、知能の発達には笑いを育てることもとても重要です。ですから、親も子も笑顔でいられる時間を増やすことで、知能の発達も良くなります。ですから、**「どっしりと構え、毅然と！　楽しく！」**を絶対に忘れないでください。我が子をきちんと育てようと必死に叱りつけているお母さんたちが空回りしてしまう原因は、ここにあるのです。

◆情報は利用しても、とらわれない

子育ては一大プロジェクトですから、情報収集は大切です。初めての子育ては分からないことだらけで、数字が気になりがちでしょう。2人目や3人目だと時間に追われて気づいたら歩き、気づいたら幼稚園、なんていう話もよく聞きます。どちらにしても、この本を手にしてくださった方は、新しい情報やより良い子育てをと考えている方たちばかりでしょう。

情報が簡単に手に入る時代ですから、情報をきちんと見極めることも必要です。例えば、子どもの視力。新生児はほとんど見えていないといわれています。ですがちょっとネットで検索してみれば、サイトによって書いてあることはバラバラ。生後6ヶ月の視力が0・05という眼科医もいれば、1・0だという説さえあります。実際、個人差も大きいでしょう。息子が3ヶ月の頃、5メートルほど離れた人が笑いかけてくれたのに、笑い返していましたから、息子に関しては3ヶ月の頃にすでに0・05よりは上だったと思います。

大切なことは、数字は目安にしか過ぎず、**見なければいけないのは目の前の子どもだということです。**「見えていない」と思い込まず、子どもの反応をよく見ましょう。何ヶ月だから視力がいくつ、ではなく、子どもの発達に合わせて眼球を動かす遊びをしていくことで視力が伸びていくのです。何ヶ月で何ができるという目安は、先に知って、こういうことができるように働きかけていけばいいんだな、とあくまで参考にしましょう。目安の月齢を、不安の材料にしたり、子どもにさせようさせようとしたりしてしまっては、かえって子どもの成長を妨げることに繋がっていきます。

できるかできないかという表面的なことではなく、**どんな部分の発達、それに繋がるどんな働きかけが足りないからできないのか、それを考えるのが親の仕事**です。情報はたくさん集め、信頼できるものを選びながら、考えや方針を固めていきましょう。

◆自分でできる！の経験も０歳から

さぁ、子育てに対する考え方の土台はだいぶ固まってきましたか？　どんな子どもにしたいから、どんなふうに接するのか、ここから具体的な話に入っていきたいと思います。こんなふうに育ってほしいな、という想いはたくさんあると思いますが、なるべくその想いを網羅できればと思います。

まず初めは「何でも人に言われてするのではなく、自分の意思で能動的にできる人」にするために。もちろん、これも１００パーセント親にかかっているわけです。生まれてすぐは、自分の意思で手を開くこともできないと書きました。新生児は何かを目で追うこと、手を伸ばして触ってみることなど、自分の意思で能動的にできることがほとんどないところからスタートします。

そこで私は、**少しでも早く自分の意思で何かができるという経験をさせてあげたい**

と思いました。驚かれる方が多いですが、生後すぐでも、うつぶせにして足の裏に拳を当ててあげれば、拳を蹴って前に進みます。これでハイハイが早くできることも発達ですが、私は子ども自身が「蹴ったら進める」と理解すること、「自分の意思で動ける」という経験をすることが何よりも大切だと思います。自分の見たいものを目で追ったり首をそちらに向けたりすることも、自らするという経験ですね。離乳食にも「ＢＬＷ」という子どもが自分で食べ学ぶというメソッドがあります。乳児用の首につける浮き輪も、生後１ヶ月から浴槽の壁を蹴って移動できるアイテムです。

同じ物を使っていても、ただ可愛いから、手が空くから、と使うより、「自分の力で移動できるアイテム」という目線が加わった方が、子どもの発達は良くなります。こういった目線を、０歳のうちにぜひたくさん身に付けておいてほしいと思います。

◆学ぶチャンスは「わざと」「こっそり」

先ほどの浮き輪。「自分で移動できるように」と与えたにもかかわらず、子どもは壁をなかなか蹴られず進まない、というとき、どうしますか？　きっとここまで読んだあなたですから「うちの子はできないわ」「まだ無理なんだわ」なんて思わないですよね。そうです、「蹴ったら進むとまだ知らない」だけです。

では、どうやって教えるのでしょうか。ここが大切なポイントです。そんなときは、「ほら、ここ蹴ったら進むよ！　蹴ってごらん！」とは言いません。そして偶然ジタバタした足が壁に当たり、ビュンと動いたとき、子どもは自ら「おっ、足を動かしたら進んだぞ！」と学ぶのです。

とても些細なことのようですが、**子どもが自ら学ぶチャンスを「わざと」「こっそり」与える。この習慣が、自ら学ぶ子どもをつくっていく**のです。1歳、2歳と大きくなるにつれ、「こうしたら、こうなるよ」と先に答えを言ってしまう親が多いと思います。その声かけが答えを言ってしまっているということに気づきもしない人がほとんどでしょう。

0歳のうちから、決して答えは言わず、子どもが気づくチャンスを用意し、子どもの「気づいた！」という表情を素早く読み取って、「蹴ったら進んだね！」と一緒に喜べる親でありましょう。

クイズ番組だって、自分で答えが分かったときは快感ですよね。**「自分でできた！」「自分で発見した！」という快感をたくさん味わわせてあげれば、必ず子どもは自分から学びたくなります。**

◆共感力

「蹴ったら進むよ」と「蹴ったら進んだね」は、実に微妙な差のように見えて、全く違うものです。前者は教えようとしていますが、後者は共感しているのです。共感には大切なことがたくさん詰まっています。自分の気持ちを分かってもらえていると感じた経験、一緒に喜んだり悲しんだりした経験が親への信頼になり、自制心をつくる土台にもなり、他人に優しくできる心の余裕をつくるのだと思います。

親が共感してくれた経験がなければ、子どもが他人に共感することもできないでしょう。そしてこの共感する能力こそが社会性なのではないでしょうか。国語の読解力にも繋がっていると思います。

普段の何気ない会話から、**親が主導して何かをさせるのではなく、子どもの目線の先を見て共感する親子関係を築いてください。**子どもとの心の距離がグッと縮みます。

◆声かけの基本

たくさん声かけをした方がいいとは思っていても、何を話せばいいか分からない、という人もいるでしょう。逆にどんどん喋れてしまう人も要注意。**声かけの基本は、子どもの目線の先にあるものです。こちらの話したいことばかり聞かせようとしないでくださいね。**子どもの目線に敏感になりましょう。

子どもが今見ているものについてまずは名詞から、分かりやすく語りかけることで、言葉の理解も効率よく進みます。もちろん共感力も育ちますね。

この声かけの基本は、子どもの吸収力を最大限引き出すために、実は非常に重要なポイントです。言葉はただただシャワーのように注ぐのみ。期待せず、ただただ水をやる。**教えよう、聞かせよう、という気持ちは子どもにとって押し付けがましく感じるもの。**どんどん大人の話を聞かなくなってしまいます。

基本は子どもの目線の先にあるものについて。どうしても見てほしいものがあるときは、「あ！　電車だ！」などと驚いてみせれば、子どもが自分の意思で見てくれるかもしれません。

それでも見てくれないときは、よっぽど目を離せないものがあるのでしょう。こちらが、子どもが気になっている世界の方に歩み寄ってあげましょう。家事をしているときや運転をしているときなど、目線の先を観察できないときには、実況中継風に話し続けたり、童謡を歌ったりすることで言葉のシャワーになります。

◆お出かけのススメ

一般的に生後3ヶ月までは外出を控えるようにといわれます。もちろん、産後のお母さんの体調もありますし、赤ちゃんも気温の変化にまだまだ弱いかもしれません。

ですが、２人目、３人目の子どもたちは退院後すぐから、お兄ちゃんやお姉ちゃんの送り迎えなどで連れ回されても、何ともないわけですから、あまり神経質になりすぎないようにしましょう。生後３ヶ月まで、お母さんからもらった免疫もまだまだ強いですしね。

なぜお出かけをすすめるのか、それは、この世のことをどんどん学びたい子どもにとって、**新しい景色はただそれだけでかなりの刺激になる**からです。息子も、新しい場所に行くと次の日によく声を出すようになったり、表情が豊かになったりしたのが印象的でした。

抱っこ紐にもいろいろな弊害が指摘されていますから、たくさんの意見を知ってよく考えてほしいところですが、家の中で天井を見ていてはもったいない！　お買い物でも、ちょっとした散歩でも、子どもにとっては新しいことばかり。無理のない範囲で積極的に外へ出て、たくさん言葉かけをしてあげましょう。

◆答えを言わないことの大切さ

声かけの基本は、**①子どもの目線に合わせて、②学ぶチャンスを「わざと」「こっそり」、③答えは言わない、④子どもが気づいたら共感**、でしたね。

答えを言ってしまわず、子どもに気づかせることは、私が家庭教師をするときにも気をつけていることです。小学生になっても中学生になっても、学びの基本はそうあるべきだと思っているので、私は指導中、答えを教えることはまずありません。

ですが、中には「早く答え教えてよ」という子がいます。自分で考えて分からなければ意味がないということが分からず、目の前の課題を埋められればそれでいいと思っているのです。

こういう子はたいてい、勉強を暗記で切り抜けます。記憶力さえ良ければ、パターンを覚えて切り抜けられるのですが、これからの時代、そんなことはＡＩがしてくれます。自分で考え、その問題を解決するためにはどんな材料が必要か、どうすればその材料が手に入るかを考えられなければ意味がありません。
そんな「考える力」も０歳期は急速に発達しているのです。

◆頭の中で組み立てる能力

子どもは、**得た情報を体系的に組み立てて理解する能力を本来持っています。**これが子どもが天才たるゆえんで、子どもの最もすごい能力だと思うのです。これを存分に発揮させてあげなければ、この能力を使えなくなっていってしまいますし、逆に**これを存分に発揮させてあげることで飛躍的に賢くなる**のです。

一番分かりやすいのは言葉の獲得でしょうか。誰が文法を教えたわけでもないのに、正しい文法を身に付けますよね。しかしたまに、ピンク色の物を見て「ピンクい」と間違える子がいます。これこそが、赤→赤い、青→青い、黒→黒い、という言葉から、色に「い」をつけて形容詞になると自分で気づいた証拠です。大人が「ピンクい」と言ったのを聞いて真似したわけではないはずですものね。

子どもが自ら法則を発見し、頭の中に辞書をつくっていっているのだと思ってみると、子どものこういう間違いにすら感動できます。言葉以外にも、これと同じようなことを、見るもの、聞くもの全てにおいて行っているのです。

ですから、子どもが小さければ小さいほど、細かい説明をせず、事実だけを情報として与えてあげてほしいのです。大人が法則についてまで話してしまうと、自分で発見し、組み立てる能力を発揮することができません。

何より、百聞は一見にしかず。**いくら聞かされても、自分で気づくことでしか本当の理解にはなりません**。就学前にこの能力をしっかり育てておくことで、小学校以降の勉強でも本当の理解をする習慣が身に付き、グッと楽になります。

◆試行錯誤する力

でもこれもまた、何が答えか、法則か、が難しいでしょうか。答えを言ってしまう親は、答えなんて言っているつもりはないということがほとんどだと思います。

例えば、カップ積みのおもちゃ。大きいカップを一番下にして、上に上にと順に小さくなっていくように積むことが「答え」であり「正しい遊び方」だと思っていませんか？　もし小さいカップの上に大きいカップをスポッと被せたり、上下逆さまに置いて次のカップが置けなくなったりしたとしたら？　「あーあ」と失敗のような反応をしてしまったり、「次はどれかな？」と正解に導こうとしたりしてしまいませんか？

大人から見れば、失敗のように見えても、子どもはそのケースを学んだとみてほしいのです。「大きい物の中に小さい物は入るのか！」と学び、また次は違うことを試してみたり、何度やっても本当にそうなるのか確認してみたり、子どもはその時点での知能をフルに使って考えています。

いろいろな方法を試して、どうなるか確認し、最後は自分の目的に辿り着けるように**試行錯誤する力こそが、自分の力で物事を考え、道を切り開く力**だと思います。

あまり親に一生懸命構われなかった子の方が賢かったりするのは、１人で思う存分試行錯誤したからかもしれません。ぜひ、ちゃんと**正しく関わって、関われば関わるほど賢くなる子育てにしたいもの**です。

◆おもちゃの与え方

遊ぶことで学ぶとはよくいわれることですが、大人が「このおもちゃはこうやって遊ぶものよ」「カップは下から大きい順に積むのよ」と言ってしまえば、**その遊びは学びではなくなってしまいます**。積み方を教えれば、カップを「正しく」積むことは早く上手にできるようになるかもしれません。しかし、そのカップの経験が他のことに生かせない、ただのカップ積みの訓練になってしまうのです。

せっかくの**おもちゃを最大限子どもの能力を伸ばせるように使う**にも、初めが肝心。子どもが自分で動けるようになったら、新しいおもちゃはさりげなく目につくところに置いておき、子どもに発見させましょう。「なんだろう、これ?」が子どもの興味をおもちゃに集中させ、自由に舐めたり触ったりしてみることで、好奇心が満たされ、集中力も思考力も育つでしょう。

最近のおもちゃは音が出ておもちゃの方から誘ってくるようなものが多すぎると思

います。それでは子どもはおもちゃに遊ばされているだけ。どのボタンを押せば何が出てくるというおもちゃも、初めは楽しいですが、飽きるのも早いです。

積み木や粘土のようにいろいろな遊び方を想像しやすいものや、子どもの発想が湧いてくるものを意識して選んでみましょう。いわゆる「おもちゃ」でなくても、子どもにとってはただの紙も、紐も、タオルも、洗濯ばさみも、面白いおもちゃです。

◆子どもの遊びは見守りましょう

まずは自由に触る時間を大切に、そして今何を学んでいるんだろう？どんなふうに見えているんだろう？と、ここでも子どもの目線の先をよく観察し、**子どもの見えている世界を想像してみてください。**

子どもは何も知らないところから、世の中の法則をひとつずつ学んでいるのですから、積み木を持った手を離したら落ちることも、三角の上には何も載せられないことも、積み木同士をぶつけると良い音が鳴ることも、「なんでだろう？」「たまたまかな？」と思っているかもしれません。それが絶対的な法則だと理解できるまで何度でも試しているのかもしれませんね。

「落としちゃダメ！」「叩いちゃダメ！」と言う前に「どうして落とすのかな？」「どんなことを考えているのかな？」と思うだけで、ほとんどの「ダメ！」はなくなることでしょう。積み木で何かを作ることや、カップ積みの「正しい積み方」を教えたいと思うときは、親が「さりげなく」遊んでみせることで、インプットしていきます。

子どもが見ていない隙に立派なタワーができ上がっていたら、子どもは食いつくかもしれませんよ！　ただし、興味を持ってもらえなくても、がっかりしないでくださいね。まだ今は、その子にとってブームではないだけですから。

◆柔らかい頭

ひとつのおもちゃからいろいろな遊びを展開したり、何を学んでいるかを汲み取ったりするためには、親の頭の柔らかさも必要です。固定観念を捨てる心構えさえあれば、大人でもどんどん頭を柔らかくしていけるでしょう。「～するべき」「～でなければならない」が多ければ多いほど、子どもに「ダメ」と言いたくなるシチュエーションも増えますし、子どもも多面的に物事を捉える力は育ちません。**子どもの遊びを見て、「それもいいね」「面白いこと考えるね」と言える余裕を持ちましょう。**

遊び方に正解はありません。繰り上がりの足し算ですら、答えはひとつでも、考え方は何通りも考えられるのです。教科書には６＋８を４＋２＋８→４＋10→14と書かれていますが、６＋４＋４としてもいいですし、６＋10－２としてもいいでしょう。息子は５のかたまりが考えやすいらしく、５＋１＋５＋３→10＋４と考えていたそうです。どれも正解ですよね。ただ答えを出すことよりも、**どれだけいろいろな考え方ができるかが賢さになるのです。**

子どもは、大人には理解しがたい物の見方をしていることが多々あります。そんなとき、**理解できないのは、どちらかというと大人の頭の固さの問題**です。大人の枠にはめることなく、子どもの目線を理解しようとすることで、子どもも伸びて、大人の頭も柔らかくなり、一石二鳥。子どもの自我がしっかりしてきてからも、「～しなさい」と言っても「イヤ！」となるところを、「～っていう方法はどう？」と言うと

「いいね！」と答えてくれたりします。もちろんこれは親が普段子どもの意見に「いいね！」と言っていなければ成立しませんけれどね。**大人の思う常識だけが正解ではないということは**、常に意識しておきましょう。

◆多言語育児

多言語で育てることも、物事を多面的に捉えるのに有効だと私は思います。親が日本語しか話せないのに、バイリンガルやトリリンガルにしようと思うと、かなりの費用がかかりますし、そちらに気を取られすぎると、母国語である日本語能力の発達を阻害する危険性もあります。

もちろん、きちんと日本語能力のあるバイリンガル、トリリンガル、さらにはマルチリンガルも可能ですが、私の言う「多言語」とは、そんなたいそうなものだけを指しているわけではありません。これはリンゴだけど、apple とも言うし、pomme とも言う、ということだけでも、**物事の表し方はひとつではない、捉え方はひとつでは**

ない、と教えることができると思っています。

これには実は別の利点もあって、0歳や1歳で、まだ「あひる」と言うのは難しいんだけど、「duck」なら言える、ということが息子にはよくありました。**たくさんの言い方を知っていることで、選択肢が増え、言いやすい言葉を選べる**ので、その分、日本語だけに比べて発語の量が多くなったと感じました。おかげで早くからコミュニケーションもよく取れたと思います。ですから、大人の知っている限りの単語で構わないので、日本語と合わせて積極的にインプットしてあげましょう。

◆赤ちゃん言葉、ベビーサイン etc.

子どもにとって発音しやすいように、という点では昔から赤ちゃん言葉もありますが、将来使わない赤ちゃん言葉を教えるより、英単語を覚えた方がずっといいし、何より**赤ちゃん言葉を使うことで、親が子どもを赤ちゃん扱いしてしまう**傾向があるように思います。

赤ちゃん言葉で、**大人が正しい発音を聞かせないために、正しい発音を覚えにくくなる**という弊害も指摘されていますから、やはり赤ちゃん言葉のメリットは少ないのではないかと思います。

日本語、外国語と、さらにジェスチャーをつけておくことも、発音が難しいうちからのコミュニケーションには役立ちます。ベビーサインの教室などもたくさん開かれていますが、これも将来使うわけではありませんから、よその家と共通のジェスチャーである必要は特にないように思います。ベビーサインは知っている人もまだまだ少ないですから、一般的に大人でも使うような、「もう1回」なら1の指。「ちょうだい」は手のひらを上にして出す、などの方が、家族以外の人にも理解されやすいかもしれませんね。

それぞれの家のオリジナルで構いませんので、身ぶり手振りはなるべくたくさん使っていきましょう。

第２章　０歳後半

ただ反応するだけで可愛い0歳前半を過ぎ、少しずつ意思表示ができるようになってくる0歳後半からはいよいよ、親が子どもの行動をどう捉えるかによって親子関係が変わっていく分岐点です。早いように思うかもしれませんが、たくさんの親子を見てきて私が行き着いた、親子の分かれ目はこのあたりです。これこそが私が「初めが肝心」と繰り返す理由。親としての考え方の土台、子育ての基礎工事をしっかり行っておくことで、後の十数年が楽になります。

◆思うように動かせてあげましょう

寝返り、ハイハイ、つかまり立ち、とどんどん動く範囲が増えていくこの時期。まず何よりも、子どものこの**「動きたい」という欲求を邪魔しない**であげてください。

抱っこ紐、バウンサー、足を固定して抜けられなくする椅子、ベビーサークル、ベビーゲートなど、子どもの動きを封じたり、子どもを閉じこめたりする道具で、世の中は溢れています。

ハイハイの時期は、ハイハイをすることで、筋力はもちろん、手足を交互に動かすという知能など、その時期に伸ばすべき能力が育つのです。歩く時期は歩くことで、走る時期は走ることで伸びるのです。

また、子ども自身も、ハイハイしたい、立ちたい、歩きたい、走りたい、登りたい、というその時期の欲求が強いので、動き始めたらどんどん動けるように環境を整えてあげましょう。触られて困るものは届かない場所へしまって、家の中を自由に動き回らせてあげてください。

◆今何が必要か、子どもは知っています

歩きたい時期、走りたい時期と同じように、積み木なら崩す時期や落とす時期、並べる時期、積み上げる時期、などがあります。どんなことにも、こういったブームの時期があり、その**ブームこそが、今習得すべきこと**なのです。

どのブームがいつ来るのか、ある程度の順序や目安となる月齢はあっても、実際には個人差があるものですが、その**ブームが来たときが、その子どものタイミング**です。**子どもは本能的に今何が必要かを知っている**のです。

何度も何度も繰り返したり、「したい」という欲求が強く感じられるものは、「ブームが来た！」と思って、どんどんさせてあげられるよう工夫しましょう。本能的な欲求ですから、制限せずに、きちんと満たしてあげることが大切です。

もちろん、されて困ることもありますから、ティッシュを全部出してしまうときは「引っ張るブーム」と理解して、引っ張るおもちゃを作ったり、何でも投げてしまう

ときは「投げるブーム」としてボール遊びをたくさんしたり、**行動そのものではなく、どんな動きが今伸ばしたい動きなのかを見極め**、その動きを繰り返しできて大人も困らない遊びをどんどん編み出していってあげてください。遊びに関する書籍もありますから、参考にしてみるといいですよ。

もちろん、困らない方はティッシュも全部出させてあげて構いません。我が家は出したティッシュを全部畳んで、普通に使っていましたから。

◆イタズラと呼ぶのはやめましょう

子どもが動き回る年齢になると、「イタズラ」に悩む方が多いのではないでしょうか。ティッシュを全部出すのも、代表的な「イタズラ」かもしれませんね。

さて、**「イタズラ」ってそもそも何ですか**？　本来、イタズラとは、人が困るのを見て楽しむためにするものではないでしょうか。0歳児や1歳児が、親を困らせるためにすると思いますか。少なくとも、0歳児では、それはないでしょう。

本来、イタズラといわれる子どもの行動は全て、この世界のことを知りたい、学びたいという欲求から来るものです。まずは**「イタズラ」と呼ぶのをやめましょう。正しくは、探究行動です。**物を落としてみる、水をこぼしてみる、引き出しを開けてみる、紙を破いてみるなど、全ては探究心や好奇心から来るものか、大人の真似をしようとしているのかのどちらかです。決してやめさせるべきものではありません。

触られて困るものは、子どもの手の届くところに置かないのが基本です。かと言って、何もかもしまいこんでしまい、子どもの周りに何もなくては、いろいろな物に興味を持つ機会も少なくなってしまいます。

おもちゃは、子どもが自分で選んで取れる場所に。でも子どもは「おもちゃ」より、大人の使っている物の方が気になったりするものです。危険でないものは、なるべく触らせてあげましょう。

◆使い方を教える方がずっと楽

危ないと感じるもの、触られたくないものがあるときは、今は危ない、今は扱えないと思っているけれど、ではいつになったら触らせるのか、という時期についても考えておいてほしいと思います。

危ないと思うハサミや包丁も、親と一緒であれば1歳後半には使い始められるでしょう。

リモコン類は、水濡れを防ぐカバーなどを付ければ触らせられます。リモコンなどは、このボタンを押すとスイッチが入るよ、などと使い方を教えてあげることで、謎の物体から道具になりますし、ボタンを押したがるときは、ボタンの数字や色を教えたり、指の力をつけたりする機会にしてしまいましょう。

何事も、禁止したり遠ざけたりするより、使い方を教えた方がずっと、たくさんの学びがありますし、身の回りのものに対する理解が深まります。日々の積み重ねで、

2歳、3歳になったときの理解度は大きく変わりますから、生活の中にある道具は、使い方を教えていきましょう。

◆なぜ「イタズラ」をするのか

0歳では大人を困らせるためにする「イタズラ」はしないだろうと言いましたが、1歳になると、大人を困らせるためのイタズラをする子どもも出てきます。当然、これも大人側に原因があるわけです。

実は、子どもにとっては、親が怒ることも、困ることも、褒めることや喜ぶことと変わりない、親が自分に向けてくれる反応です。0歳の時期に、子どもの行動に対して怒る、困るといったマイナスの反応を親がすることで、子どもは親が反応してくれた！と思うのです。**親のマイナスの反応が多くなればなるほど、そのマイナスの反応が親子のコミュニケーションになってしまい**、子どもにとって親を怒らせること、困らせることが、親と関わりを持つ方法になっていってしまうのです。**「イタズラ」で**

はなかったはずの純粋な行動を、親が「イタズラ」と解釈して怒ったり困ったりすることで、本当にイタズラをする子どもになっていってしまうというわけです。

子育てが大変だと思い込んで子育てをすると、本当に子育てが大変になる、というひとつの例です。先入観、思い込みの怖さですね。当たり前に使っている言葉を意識し、それは本当なのか、よく考えていきましょう。

◆刷り込みが大事

今のは、思い込みが現実になってしまう悪いお話でしたが、もちろん良いお話もあります。悪い思い込みがその通りになるように、良い思い込みもその通りになるのです。子どもには、なるべく良い思い込みをするよう、誘導してあげたいものですね。

例えば、「○○ちゃんはお絵描きが好きなんだね、得意だね」と声をかければ、子どもは「自分はお絵描きが得意だ」と思うようになり、絵を描くのが楽しくなり、何度もお絵描きをするようになり、結果、上手になります。他にも、何かをしてくれたとき、それが親にとっては手間を取ることになっただけだったとしても、「ありがとう、○○ちゃんは優しいね」と繰り返し言うことで、「自分は優しい人間だ」と思うようになり、子どもなりに優しくあろうとするようになります。

「こんなことができるようになってほしい」「こんな人になってほしい」と思うことは、**「○○しなさい」ではなく、「(今、すでに)○○だね」と言い続けることがコツ**です。

子どもにとって、自分を否定されていると感じる声かけはあまり聞きたくないものです。「優しくしなさい」は、「今は優しくない子」という意味ですよね。「今あなたは優しくない子だから、優しくしなさい」と言われて、優しい子に育つと思いますか？　その言い方をしている親も、そもそも優しくないように感じませんか？　なぜ優しくしなければいけないのかも分かりません。「優しい子だね」と言われた方が、親との信頼も深まり、優しく育っていくと思うのです。

人に優しく接する見本をたくさん見せ、子どもが優しくしていると感じたらすかさず褒めて喜び、「優しいね」と声をかけてあげましょう。

◆「真似することで学ぶ」からこそ！

見本を見せましょうと、さらっと言いましたが、これも大切なポイントです。「子どもは大人の真似をするもの。大人は子どもの見本になりましょう」と言うと、至極当たり前のことのようですが、何をどう真似されるのでしょう。考えてみてください。多くの人はお行儀のことばかり考えるのではないでしょうか。お行儀ももちろん真似しますから気をつけてくださいね。

でも子どもが一番見ているのは、「他人に指示や命令をする」という接し方や、そのときの口調、怒ったときの顔などです。子どもにどんな話し方をしているのか、幼稚園に入る頃には、子どもを見ればバレバレですよ！

恥ずかしいのはもちろんですが、親が恥ずかしいからやめましょうと言っているのではありません。指示、命令に限らず、怖い顔をしてみせること、強い口調や大きな声で叱ることなどは、子どもへの攻撃です。こうして他人を攻撃する見本を見せていると、お友達を叩いたり、噛んだりという行動があらわれます。全く叱られず、人が叱られている様子も見ず、穏やかに育てられた子どもは、2歳、3歳になってお友達から叩かれても、呆然としているだけで、やり返しません。

「そんなので大丈夫⁉」と言う人がいますが、大丈夫です。年齢と共に、大切なものを守るために戦ったり、お友達と競い合ったりはし始めるものです。そんなことは心配しなくても大丈夫。**子どもの人格の基盤をつくるこの時期に、攻撃性を身に付けさせない方が大切**です。

子どもに「優しくしなさい」と言う前に、大人が優しい見本を見せましょう。例えば子どもが転んだとき、「何してるの！」「ほら言ったでしょ！」ではなく、「大丈夫？」ですよ。水をこぼしたときは、「あー！　もう！」ではなく、「大丈夫だよ、雑巾で拭こうね」です。

◆大人が騒ぐから子どもが泣く

子どもが転んだときの対応は、大切なポイントです。頭をぶつけたりなんてしたら、驚きますよね。でも「キャー！」は禁物です。親が大声を出して騒ぐと、子どもも「これは大変なことか！」と思い、大して痛くなくても泣き出します。まずは親が落ち着いて冷静に。どっしり構えましょう。よっぽど強く打たない限り、子どもにとっては「痛い」より「びっくりした」の方が大きいはずです。「びっくりしたね、大丈夫？」と冷静に聞きましょう。

こけて泣いたら構ってもらえる、というインプットをしないよう気をつけていれば、本当に痛いときにしか泣かなくなります。息子たちは2人とも、自分の責任で転んでも泣きません。3歳になる頃には、転んだ後、目が合っただけでこちらが聞く前に「大丈夫！」と言って起き上がっていました。「大丈夫？」と聞かれるのを知っているのですね。転ぶたびに大泣きでは、大怪我なのか無傷なのか分からなくなってしまいますから、必要以上に泣かれては困ります。

子どもが泣く理由は、①大人が騒ぐから、②構ってほしいから、③本当に痛いから。本当に痛いときだけ泣いて訴えてくれるようにするのも、日々の関わりからです。

◆子どもは驚かれるのが好き

喜ぶ、褒める、怒る、困るなど、子どもは親の反応を求めています。その中でも、子どもが一番好きなのは、親が驚くことです。驚いて喜ぶ、驚いて困る、なんていうのは、最高に楽しい反応なのです。これは、良い方に利用しなければ、大変なことになりますね。

ですから、好ましいと思うこと、例えば、何かできたとき、何かしてくれたとき、子どもが何かに気づいたときなど、どんなことでも、なるべく本気で驚いて「すごいじゃん!!!」「え!? そんなことできるの!?」「そんなこと気づいたの!?」「ありがとう！わぁ！　嬉しい!!」と言ってみてください。子どもはどんどんしたくなります。

逆に**困った行動に驚いてしまうと、驚いてほしくてまたその行動をするようになります**。子どもにとっては親の反応こそが喜び、と肝に銘じてください。

良い反応をたくさんしてあげること、好ましくないことには反応しないこと！ですよ。反応しないことは、我慢のいることですが、困った行動には、無表情で淡々と、怒りも困りもせず対応しましょう。

◆0歳期の社会性の育て方

社会性というと、協調性を持って、お友達と同じように行動できること、と思う方も多いのではないでしょうか。そのために保育園に入れた方がいいと思っている方もいるかもしれません。

実は社会性という言葉には定義がないのですが、ここではおそらく親が子どもに身に付けさせたい社会性として、「社会の中でうまくやっていける」という意味で進めていきたいと思います。人との距離感、共感する力、でも周りに合わせすぎない自分の芯、といったところでしょうか。

こういったことも、子どもは親の真似をするところから始まります。子どもは親の様子をよく感じ取っているもの。親が少し緊張するような場所へ行くと、子どもも親にべったりくっついて離れなかったり、親がリラックスできる場所だと自由に動き回ったり。気さくなお母さんの子どもは人見知りが少ないように思います。

0歳期は、親がリラックスできる場所、リラックスできる相手や集団、という環境で楽しんでいる様子をたくさん見せてあげてください。そして、**子どもが安心して親から離れられるよう、親が子どもの安全基地になってあげましょう。**

この時期に大切なことは、社会性のためにと、親から引き離して子どもの集団に入れることではありません。**親子の関係を、絶対安心の揺るぎないものだと子どもの根っこにしっかりと刻みながら、人と関わる見本を見せてあげましょう。**

◆優先順位が大切です

社会性と親子の愛着のように、順番が大切なものがたくさんあります。**何が土台で、何がその上に積み上げるものか、**ということを常に考えておいてほしいのです。

たくさんの親子を見てきましたが、順番をすっ飛ばして、大人に求めることと同じようなことを、当たり前のように子どもに求めている親がいます。親子のしっかりとした愛着があって初めて、安心して親から離れることができるように、好奇心が満たされて初めて、我慢したり、お行儀を理解したりできるのです。

お行儀を気にしすぎる親も多いように感じています。怖い顔をして言うことを聞かせてお行儀よくさせることは、**本当にその年齢に必要か、好奇心を奪ってまでさせなければいけないことなのか、**よく考えてみてください。**小さい子どもにお行儀を求めるのは、目先の親の都合です。**好奇心は一度失うと取り戻せないと思っておいてください。

何でも親の言う通りにするお人形にしてしまわないよう、お行儀については、子どもの成長に合わせて、理解できるよう説明しながら、少しずつ教えていきましょう。

初めはマナーも何も知らないのですから、多少お行儀が悪いのは当たり前です。お行儀が悪くて困る場所にはなるべく連れていかないのも方法です。静かに遊べる手遊びなどを親が知っておくのも方法です。どうしても連れていかなければならないときは、環境の方を整えましょう。

もし子どものお行儀について、周りの目が気になりすぎるとしたら、それはあなた自身の心の傷です。

◆０歳でも先に説明しましょう

０歳でよくあるシチュエーションとしては、誰かに子どもを預けて出かけるとき。泣かれないよう、そっといなくなりたい気持ちはよく分かりますが、そこで**泣かれないことよりも、泣かれても先に伝えることの方が大切**です。実は私も、泣かれないようそっといなくなっていました。

確かにそのときは泣かれずにすむのですが、家の中で私の姿が見えなくなるたびに探すようになり、「これは、伝えずに出かけているから、またいつ、いなくなるか分からないと思わせているな」と思い、先に伝えるようにしました。

初めは、泣かれましたが、毎回きちんと、伝えてから出かけるようにすると、次第に泣かなくなりました。ママが見えなくなるとすぐに泣いたり呼んだりするという場合は、家の中でも、見えなくなる前に必ず声をかけるようにしてあげた方がいいでしょう。

子どもの気持ちを考えれば、「いついなくなるか分からない」と思っていては、不安で仕方ありませんよね。「知らない間にいなくならない、見えなくても家の中にいる」と理解して、安心してひとり遊びができるようになると、集中力もつき、家事をする時間も取れて、良いことがたくさんです。

◆「痛くない！」と言わないで

同じように子どもに伝えづらいことと言えば、予防接種。0歳は予防接種もたくさんですよね。初めは、泣かずに受けていた子も、次第に泣くようになります。

だからといって、何も言わずに連れていかれて、押さえつけられて注射をされたら、どんな気持ちでしょうか。「この世は何が起こるか予測不能、時には突然無理やり注射をされる」では、かわいそうです。

「今日は病院で注射を打つよ。ちょっと痛いけど、病気にならないようにする注射だから、頑張ろうね」と伝えておきましょう。

そして、子どもが泣いたときも、要注意。よく、「痛くない！」と言う人がいます。**いえいえ、痛いです！　大人でも痛いです！　嘘はいけません。**親は自分が痛いのを分からないのか、と思われかねないですよ。「痛かったね、頑張ったね、もう大丈夫だよ」と言ってあげましょう。転んだときも同じですね。

◆泣きやませたいのは親の都合

痛くて泣いているときもそうですが、だんだん泣いている原因や要求も複雑になり、どう対処していいのか分からないとき、なんとか泣きやませたいという場面もあるかもしれません。

子どもが泣いているときに気をつけてほしいことは、**正面からきちんと向き合ってあげる**ということです。

まずは「どうしたの？　○○かな？　それとも○○かな？」と**理由をきちんと分かろうとしてあげてください**。まだコミュニケーションも十分には取れないでしょうから、一生懸命考えてみても、どうしても分からないという場合は、「ごめんね、ちょっと分からないな、よしよし」でいいですが、何か明確な要求が分かるときは、きちんと満たしてあげましょう。どうしてもできないことなら、子どもの気持ちに理解を示した上で、できないという理由も説明しましょう。

それを説明してからあやしたり、他の物で気を引いたりするのは構いませんが、**泣きやませることだけを目的とするのは、子どもの気持ちを軽視している**と思います。「親は、自分のしたいことを分かってくれない」という親子関係になっていってしまうでしょう。

まずは、親は自分の気持ちを理解してくれる、理解しようとしてくれる存在だ、という親子関係をつくることが大切です。

そもそも、泣きたいときは泣けばいいじゃないですか。大人だってそうですよね。「泣かないで」と言われるより、泣いていても見守っていてほしいのではないでしょうか。泣きやませたいのは親の都合です。泣くと困る場所なら、その場を離れる。離れられなければ、周りの人に会釈をしておく。

とにかく子どもの泣き声に耐えられないという人がいますが、それは自分の過去の何かつらい記憶に触れているということです。

◆大切にしてほしい子どものプライド

ここまで、子どもの気持ちを考えてみてほしいというお話をたくさんしてきました。**自己肯定感をつくるための基本**だと思います。子ども相手なら何をしてもいいと思っている、としか思えない親がたくさんいます。自分がされて嫌なことはしない、それは大切な子どもが相手なら、これから人格が形成されていく子どもが相手なら、なおさらです。

同じように子どもの自信やプライドも、親が育ててあげるものです。「謙虚が良い」と盲信していると、「プライドが高い」なんて言うと良くないことのように思うかもしれませんね。だけど、プライドがなくてもいいと思う人もいないでしょう。

小学生くらいになって、テストで点が悪くても平気な顔をしている子どもに、「もっと良い点を取りたいと思わないの⁉」と苛立つ親がよくいます。

この子はなぜ、もっと良い点を取りたいと思わないのでしょう。中には、どうすれば点が上がるのか子どもには分からない場合もありますから、そんなときは親が助けてあげましょうね。

問題は「競争心がない」「向上心がない」などと親が嘆いている場合です。まさに「プライドがない」のです。これは、0歳期から幼児期にかけて、プライドを持てるように、「自分はできる！」と自信を持てるように接してもらえなかったからでしょう。

◆テストしない、訂正しない

プライドを傷つけないよう、「できないでしょ！」「まだ無理よ！」と言わないように気をつけていても、「これは何？　言ってごらん」「これできるかな？」など、**子どもができるかテストをするような言葉かけ**を無意識にしている人がたくさんいると思います。

もちろん、100パーセント確実にできることならいいですが、家ではできるけど、人前ではしたがらないことや、できるのはできるんだけど子どもの中ではまだ少し自信がないことなどは、できないことをさらされてプライドが傷つくことがあります。

また、子どもが言い間違いをしたときにも、ほとんどの親が訂正をすると思いますが、子どもって赤を青と言ったり、トラをライオンと言ったり、同じ種類のもの同士をよく間違えるのです。そういう言い間違いをする子どもの通訳をすると、例えば赤を見て、「えーっと、ほら、あれ何だっけ？　青じゃなくて、あのー」という気持ちがあって「青！」と言う、といったところでしょうか。ですから、「青じゃなくて赤でしょ」と言わずに「あ、ほんとだ、赤だねー」と、「**あなたの言いたいのは赤だよね、理解できたよ」という気持ちで、さりげなく正しい言葉をインプット**してあげましょう。

間違いを自覚させて訂正し、正しい言葉を覚えさせるのが教育ではありません。まだ「赤」という言葉を聞いた回数が、完璧に覚えるには足りないのだと親が理解し、たくさん聞かせてあげれば、**その子にとって十分な量に達したとき、間違えなくなる**のです。

これは、運動も勉強も全て同じ。**できないことを指摘するのではなく、何が足りな**

いからその能力が身に付くに至っていないのかを考えて与えるのが幼児期の教育です。足りないものが分かったら、生活の中で、遊びの中で、自然に取り入れてあげましょう。そうすることで、「遊び」の中に「学び」をどんどん入れていくことができるのです。

◆周りの子と比べない

多くの親が、無意識に、当たり前のように、自分の子どもを他の子どもと比べていると思います。兄弟間でもそうですよね。体の大きさや言葉の発達、何でもできるできないと優劣をつけて、優越感を持ったり劣等感を抱いたり、安心したり不安になったり。それが子どもの自信ややる気を奪っているとは思いもせずに。たとえ他の子と比べてできるとしても、他人と比べて手に入れた自信は、自分よりすごい人と比べれば簡単になくなってしまいます。

私が子どもに持っていてほしいのは、そんな自信ではありません。根拠のない自信、といわれるような、なぜか自分の根底にある「自分ならできる」という自信、安心感です。いろいろな親子や育児書の目安も、知っておくこと、参考にすることは大切ですが、子どもが今できないことは、経験が足りないから、ですよね。あの子よりできる、できないではなく、**どんな遊びや働きかけをすれば、その能力がつくのか、どんなふうに声をかければやってみたくなるのか（これが大事！）、それを考えるのが親の仕事であり、子どもを伸ばす方法**です。

また、忘れてはいけないのは、**そもそも何ができようができなかろうが、あなたはあなたのままで素晴らしい！と自信を持って言ってあげられる親であることが、子どもが安心して自分の力を伸ばせる最高の環境だ**ということです。まぁ、みんなと同じことができたって、それではただの凡人ですからね！

多少他の子よりできないことがあっても、子どもの発達には凸凹があって当然です。**凹んだところを埋めるより、できるところをとことん伸ばす**ことを心がけていれば、気づいたときにはできなかったこともできるようになっているというものです。できるできないに一喜一憂せず、子どもを信じて見守りましょう。

◆自信過剰なくらいがちょうどいい

あなたは素晴らしいと言って育て、子どもが自信たっぷりになると、それはそれで心配になると言う人もいます。ですが、**小さい頃は、自分は世界一すごいんだ！と思えるぐらいでちょうどいい**ものです。調子に乗っているぐらいでちょうどいい。子どもが謙遜や社交辞令を覚えるのは、中学生になる頃で十分です。**人格の土台に謙遜を組み込まない**ようにしましょう。

そのためには、親は子どものできない部分ばかり見て心配しすぎてはいけません。大人同士の会話で謙遜のために子どものできないことや、悪いことを言うことも、子どもの前では絶対にしてはいけません。

大人同士なら絶対にしないような、気遣いのない失礼な言動を無意識に子どもにしてしまっていませんか？　自分が人に言われて嫌なことは言わない、人にされて嫌なことはしない。これは鉄則です。

一度失ったプライドを大きくなってから取り戻すには、相当な努力が必要でしょう。しかし、プライドが本当になければ、その努力もしないでしょうね。子どものプライドは大切にしてあげてくださいね。

◆集中を妨げない

さて、ここからは少しずつ、知能を高める具体的な話に入っていきたいと思います。まずは集中力。集中力のある子どもに育てるのも、やはり親次第。「0歳期に子どもの遊びをどう見守るか」から、すでに始まっているのです。

0歳の子どもでも、自分の手や足を観察したり、カーペットのほつれた糸を引っ張ったり、何かに集中しているときが必ずあります。そんなとき、熱心な親ほど、とにかく声をかけていろいろ言おうとしますが、子どもの集中を妨げないようにすることがとても大切です。

集中していると感じたら、基本は声をかけなくても構いません。そっと見守ってあげてください。言葉をインプットしたいとしても、子どもを集中している世界から引っ張り出してしまわないよう、こちらがそっと子どもの世界に入っていきましょう。褒めたいときも、グッと我慢です。子どもが満足するまでやりきって、こちらを向いたら褒めてあげましょう。

この小さい頃の集中力が、これから先の集中力に繋がっていきます。大人主導で遊ぶより、大人には何が楽しいか分からないことでも、子どもが興味を持ったものを観察し、研究するという経験を、この時期から意識してあげてください。そのためにも、触って困るものは、手の届くところに置かないという環境づくりはとても大切ですね。

◆子どもの時間は大人より速い

子どもの集中力の高さ、情報処理能力の高さは、大人が想像している以上のものです。よく、絵本を見せても次々とページをめくってしまって見ていないというお悩みを聞きますが、実は逆で、子どもの情報処理能力が高すぎて、そのスピードで、もうそのページを見終わっているということなのです。ちなみに幼児教室でよく使われるフラッシュカードを見せる速度は1秒に2枚程度。このスピードはどの子も見入ってしまうスピード。**子どもだからとゆっくり話したりゆっくり見せようとするのは、全く逆**なのです。子どもにとっては、大人がちょうどいいと思うスピードは遅すぎてつまらないのです。

幼児教室でも、アクティビティーに間があると席を立ってしまうので、子どもの世界のスピードで、大人から見ればめくるめく速さでレッスンを進めていました。**子どもの能力を正しく理解することで、さらに子どもの能力を伸ばしてあげられる**接し方が分かるのです。

絵本も、自分で触りたがるようであれば、自由に触らせてあげて構いません。赤ちゃん絵本は、たいてい次々にページをめくってもいいような内容になっていると思います。ストーリーのある絵本を次々とめくってしまうなら、絵本通りの文章にこだわらず、絵にある物の名前を言ってあげたり、そのページのストーリーを要約してあげたり、柔軟に楽しんでください。私は子どものめくるスピードに合わせて読もうとしていて、早口がうまくなりました。

絵本で大切なことは**絵本が子どもにとって楽しいものになること。**子どもの世界のスピードを尊重してあげ、そのスピードを保つことで、頭の回転スピードも速くなるのではと思っています。

第３章　１歳

さて、ここまでで、親から子を見るという方向のポイントは一通りお話しできたと思います。ここからは1歳。親→子から、親↕子という本格的な人間関係に入っていきます。1歳の頃からしてほしいことに加え、2歳代を見据えて今のうちから考えておいてほしいことなどもたくさん盛り込んでいきますよ。

特に2歳代は、イヤイヤ期、魔の2歳児、など酷い言われようですが、なぜ世の子どもたちがそんなことになるのか、よく考えて親子関係を着実に築いていけば、2歳、3歳はどんどん可愛くなっていくだけです。2歳児の困った行動は、必ず来るものでもありませんし、通るべき子どもの発達段階でもありません。もちろん、息子たちは2人ともイヤイヤ期なしです。そもそも「イヤイヤ期って何?」というところから、細かく話していきたいと思います。

◆イヤイヤ期ってそもそも何？

当たり前のようにいわれている「イヤイヤ期」ですが、そもそも一体何なのでしょう。発達段階としていわれていることは、**「2歳頃、早い子では1歳の終わり頃から、自分の意思がはっきりして、またそれを表現するようになる」**ということです。

え？　本当にそうなら、**何も大変なことはない**はずです。したいことやしたくないこと、どっちがいいなど、きちんと伝えてくれるのであれば、何を考えているのかよく分かるようになって、コミュニケーションも取りやすくなって、楽じゃないですか！

そうです、楽なのです！　なのに、世の中の多くの親たちが「イヤイヤ期で大変〜！」と嘆いているのはなぜなのでしょう。何を言っても「イヤ」しか言わなくて、全然言うことを聞かない！というお悩みが多いと思います。

ここまで読んでいただいた方なら、お分かりかと思いますが、**そもそも言うことを**

聞かせようと思うのをやめましょう。それでは、親と子の、どちらが自分の言うことを相手に聞かせられるかというバトルにしかならないからです。時間にさえ追われていなければ、どうしても親の言うことを聞かせなければいけない場面は、ほとんどないはずです。なるべく子どもとゆっくり向き合える時間を、まだまだ大切にしてほしい月齢です。

◆「イヤ」の表すもの

何を言っても「イヤ」と言う子ども、なぜそんなことになってしまうのでしょう？考えられる原因は2つ。ひとつ目は、「それじゃなくて、○○したい」と言いたいのに、語彙力がなく、何と言っていいのか分からないので、「イヤ」という表現になっている場合です。これを防ぐのは簡単ですね。早くから言葉をたくさんインプットして、なるべく**語彙力を伸ばしておいてあげる**ことです。また、子どもは「イヤ」と言うことで伝えたい他の何かがあるので、「○○したいの？」「こっちがいいの？」と、なんとか分かろうとしてあげてください。

もうひとつの原因は少し深刻ですが、すでに親が自分に何かをさせようとしてくる相手だと思っていて、反抗心からとにかく従いたくない、あるいは、「イヤ」と言うと親が困ったり怒ったりするというコミュニケーションがすでに成立してしまっているという場合です。大袈裟に言うと、**こうならないために、ここまでの0歳代の話があったようなものかもしれません。**0歳から親子関係について考えてもらえるのが理想ですが、すでにこうなってしまっている場合は、今からでも関係をつくり直しましょう。**親が変われば、子どもは必ず変わります。**一度できてしまったものをつくり直すのは根気のいることですが、まだ1歳、2歳！　子育てとは、**常に修正、改善し、模索していくもの**ですから、いつからでも参考にしてくださいね！

◆なんでもイヤイヤ期と呼ばない

中にはコミュニケーションも取れているのに、子どもが何かを「イヤ」と意思表示したただけなのに、あるいは自分の感情と折り合いをつけられずに葛藤しているだけなのに、大人たちが「イヤイヤ期が来たんだわ！」と勝手にイヤイヤ期にしている場合もあります。

大人だってイヤなときは「イヤ」と言います。子どもがイヤなものを「イヤ」と言ったぐらいで、イヤイヤ期と名前をつけてはいけません。イヤイヤ期だと決めつけることで、子どもの「それはしたくない」「こっちの方がいい」という純粋な気持ちをきちんと聞けず、「イヤイヤ期」という言葉で片付けてしまうことになりかねません。**問題だと思うことで、問題ではないはずのものが問題になっていく**というのは、よくあることです。

イヤイヤ期は、発達の過程で通るものではなく、親子のコミュニケーションがうまく取れなくなっているというサインです。小さい頃から子どもの気持ちにしっかり向き合い、理解しようとし、コミュニケーションがしっかり取れる親子関係をつくりましょう。そして**「イヤ」という意思表示ができるようになったら、しっかり聞いてあげましょう。**

新学習指導要領でコミュニケーション能力を伸ばそうなんて、遅すぎます。コミュニケーション能力の土台が親子のコミュニケーションであることは、間違いありません。

◆「イヤ」ではない言葉にする

子どもの「イヤ」という純粋な気持ちを聞いてあげようとは思っていても、「イヤ」という意思表示は、あまり気持ちのいいものではないのも事実です。なるべく「イヤ」ではない言葉にできると、イライラも減るのではないでしょうか。1歳のうちからできることは、何度も言っている通り、語彙を増やしてあげることですが、そもそも、**親が安易に「イヤ」という表現を使わない**ということにも気をつけてみてください。

長男がもうすぐ2歳という頃、同じ年の女の子がいるママから、「もうイヤイヤ期が始まって、大変なのよ〜!」と聞きました。我が家はどうかな?と考えて初めて気づいたのですが、なんと私は息子に「イヤ」という言葉を教えていませんでした!

息子は「イヤ」の意思表示のために何と言っていたかというと、首を振りながら「ノー、ノー」「しない、しない」などでした。

どうですか？　親も、「そうなの？」と言いやすくありませんか？　**子どもがしたくないと言うなら、「そうなの？　したくないのか〜。そうなんだ〜」と聞き入れてあげれば、何も問題は起こりません。**ここで親が受け入れてあげられる事柄が多ければ多いほど、親子関係は穏やかに、そして子どもは自分で考え行動できるようになるのです。

◆否定文を使わない

親が「イヤ」という言葉を使わないのもそうですが、そもそも否定文を使わないことが、小さな子どもとのコミュニケーションには大切です。ついつい「○○しちゃだめ」「○○はしないのよ」と、無意識に否定文で、してはいけないことの方ばかりを教えようとしがちですが、子どもの気持ちが「で、どうすればいいの？」だということには気づいていない親が多いと思います。

一番肝心なのは「どうすればいいか」の方ですよね。「どうすればいいか」を伝えれば、「○○しちゃだめ」は言う必要がありません。「走らないの！」ではなく、「歩こうね」「手を繋ごうね」「ゆっくりだよ」など、**してほしいことを肯定文で**伝えてみましょう。意識してみると自分の普段の思考のクセが言葉に出ているのがよく分かります。

否定文の他にも、「○○しなければいけない」のような強迫観念のような言葉や、「○○しないと○○できない」など、無意識に出てくる言葉を客観的に見てみると面白いですよ。

同じ内容でも、言い方によって伝わり方はさまざまです。子どもが反発したくならない、友好的に聞こえる言葉遣いを意識しましょう。

◆しつけの基本

子どもの「イヤ」「したくない」を受け入れられないときの多くは、時間に追われているときか、何かをしつけようとしているときではないでしょうか。しつけは親も「こうしなければいけない」という気持ちが強いので、なんとかしてさせようとしてしまいがちです。

しかし、**親が何かをさせようとすればするほど、子どもは「イヤ」と言うもの**です。大人も子どもも、指示されたり強制されたりして、その通りにしたいはずがありません。

もちろん、しつけは親の役目。習慣を教えていくことはとても大切です。ポイントは、しつけにも順番があるということです。

怒って叱って言う通りにさせれば、そのときはするでしょうが、親の見ていないところではしない子になるかもしれません。いいえ、その可能性が高いです。それではしつけたことにはなりませんよね。何より、この本のテーマ「親子関係」が大変なものになってしまうでしょう。

子どもには親の真似をするという反射、「模倣反射」があります。真似をすることで、歩くことも話すこともできるようになるように、しつけも**まずは親が見本を見せ、子どもが自然と真似する環境をつくりましょう**。そして真似をしてできたときには、たくさん「驚いて」褒めてあげてくださいね。

◆「ありがとう」は言わせない

親が子どもにしつけとしてさせようとすることの第1位は、挨拶ではないかと思います。「ほら、ありがとうは？」とか、「もらったら何て言うの？」と言っているのをよく聞きます。子どもに「ありがとう」を教えるには、こう言ってしつけるのが当たり前という感じですよね。**これこそが、何も考えずに当たり前だと思っているものの代表**かもしれません。

本当にそうですか？「もらったらありがとうって言うものだよ」と教えたいのですか？

私は違います。もらったら反射的にありがとうと言うことは、社交辞令としては大切かもしれません。でも社交辞令を知る前に、子どもに教えたいことは、もらって嬉しいという気持ちを相手に伝えるためにありがとうって言うんだよ、ということです。

だから私は物をもらったり、何かをしてもらったとき、子どもには「わぁ、よかったね。嬉しいね。○○さん、ありがとう、だね」、そして私自身が相手の方に「ありがとうございます」と言っていました。**「ありがとう」は、反射で言うものではなく、心を込めて言う言葉であってほしい**と思っています。

社交辞令や建前でお礼を言うなんていうのは、中学生くらいからで十分です。小さいうちは、人の優しさを受け取ること、嬉しいと感じる心、自分の気持ちを言葉で伝えることを育ててあげたいですね。そのためには、他人の好意を受け取れるように、親も心がけましょう。

◆優しさを育てる

実はこの、人の優しさを受け取ること。これは子ども自身が人に優しくできるようになることにも繋がっている、大切なことなのです。

皆さん、他人からの好意、受け取れますか？　電車で席を譲ってもらったとき、おやつをいただいたとき、「ありがとうございます」と受け取れますか？　もちろん、事情があって断ることもあるでしょうが、本当は嬉しいんだけど、なんとなく悪い気がして断ること、ありませんか？

その様子を見た子どもの目線を想像してみてください。「人に優しくしても喜んでもらえない、気を使わせる、断られる」ではないかと、私は思うのです。優しくしてくれて嬉しいときには、お礼を言って受け取り、「優しいね。優しくしてもらうと嬉しいね」と教えるチャンスにしましょう。そして、子どもが親に喜んでもらおうと何かをしてくれたときには、「ありがとう、優しいね、嬉しいな」と伝えましょう。

何気ない行動や言葉による日々の刷り込みは、確実に子どもの人格をつくっていきます。優しさを育てるには、親が優しさを受け取り、喜ぶ姿を見せることから。意識してくださいね。

◆「ごめんなさい」の教え方

「ありがとう」と違い、「ごめんなさい」は少し難しい面もあるかもしれません。何より、「ごめんなさい」は「自分が悪い」と認める言葉なので、**子どもには言いたくない言葉であるということ、子どものその気持ちは、理解してあげましょう。**

しかし保育園や幼稚園に入ると、集団の中でお友達とのトラブルを「ごめんなさい」で解決させなければいけない場面が出てくることもありますから、幼稚園に入る月齢までに、を目安にできるといいですね。

では、どうやって教えていくか。基本はどれも共通の、「見本を見せる」です。親が子どもに当たってしまったときなど、「ごめんね、大丈夫?」と、「ごめんね」の使い時を見せていきましょう。何事も「ごめんね」と言えばいいというわけではありませんから、どちらかと言えば「大丈夫?」の方が大事だと思います。**「ごめんなさい」を言うことに重きを置くと「謝ってるんだから許してよ」というような思考回路にな**

りがちです。気をつけてくださいね。

次に、少し大きくなって、お友達にごめんなさいを言うよう導きたい場面です。これも親の子どもを見る目線として大切なことですが、**小さい子どもがわざと悪いことをすることは、本来ありません。**子どもの気持ちを汲み取り、「○○しようとしたら○○になっちゃったんだよね」と、理解と共感をしてあげた上で、例えば「○○ちゃん、痛かったんだって。大丈夫?って言ってあげようか」と声をかけ、言えないようなら、代わりに「大丈夫?　ごめんね」と言いましょう。

「ごめんなさい」は言いにくいのが普通です。何でもすぐに「ごめんなさい！　ごめんなさい！」と謝る子どもの方が、気をつけて見てあげなければなりません。

◆「こんにちは」にもコツがある

「こんにちは」「さようなら」のような挨拶は、気持ちを伝えるというよりは、人との関わりを良好に保ったり、結び付きを強くしたりするものですから、習慣として自然に言えるようにしてあげたいですよね。

　これも、まずは親が見本を見せること。ご近所さんなどにも、まずは親が笑顔で挨拶できるように心がけましょう。そして挨拶を返してくれたときや、相手から挨拶をしてくれたときには、「こんにちはって言ってくれたね！　嬉しいね！」と喜びましょう。

「こんにちは、は？」は厳禁です。言葉が出るようになり、子どもが自分の意思で「こんにちは」と言うのを待ちましょう。そして、**言えたときには、声が小さかろうが、下を向いたままだろうが、「わぁ！　言えたね！」と一緒に喜んであげてください。**

　もし、前もって今から誰かと挨拶することが分かっているとき、例えばお友達のお家へ行くときや、保育園や幼稚園の先生に挨拶するときなど、先に「○○ちゃんのおうちに着いたら、こんにちはって言おうね」「門に着いたら先生にこんにちはするよ。どうする？　一緒に言う？」などと伝えてみましょう。

　突然の状況で抜き打ちテスト、さらに後からダメ出しでは、やる気が起きません。改善させたいことは、次のチャンスを待って、先に伝えておく。これはどんなことにも、また、小学生になっても応用できることなので、マスターしてくださいね。

◆「遊んでおいで」も言いません

「遊んでおいで」これも非常によく聞く台詞です。子どもは初めての場所に行ったとき、親から離れないことがよくあります。そんなとき、「どうしたの？　ほら、遊んでおいで」と言う親の多いこと。

とりあえず飛び込んでみる子もいれば、様子をよく観察してからそっと入っていく子もいます。どんどん入っていってほしいと思う親が多いのかもしれませんが、優劣の問題ではありませんから、観察タイプの子には観察の時間を認めて、納得のいくまで観察させてあげてください。しっかり観察がすんだら、自分から入っていきます。

観察は自ら学んでいる時間。大人が想像している以上にいろいろなものを見て、何かに気づいたり、何かを感じ取ったりしています。大切なことは「なかなかお友達の輪に入っていけないのよね」と悪いことのように捉えないことです。**入っていくタイ**

ミングは子ども自身に任せましょう。

子どもがなかなか離れないときは、親自身が緊張している場合も多いですよ。子どもと一緒に、その場所やまわりの人たちを観察してみるのもいいですね。

◆自分で決める力

タイミングを子ども自身が決めること、これはとても大切なポイントです。全ての場面に当てはめて考えてみてくださいね。タイミング以外にも、子どもにはできる限り、**自分で決めるという経験**をさせてあげてほしいと思います。

私は家庭教師として指導するとき生徒に、「今日は何の教科からする？」「どのテキストからする？」と、順番を生徒に委ねるのですが、たいていの子は、好きなものを最後にしたり、時間配分を考えて大事なものから始めたりと、自分でぱぱっと決めます。

しかし、小学校高学年で「何でもいい」「どっちでもいい」しか答えられない子に出会ったとき、私は「この子は今までの人生で自分で決める経験をしてこなかったんだな」と感じました。

自分で決めないことは楽な反面、責任も全て自分にはないように感じてしまうものです。気に入らない結果になったときに、親のせいにしていては道は切り開けません。

人生はいつでも、大小さまざまな決断の連続です。自分で選んだ道は、思わぬ結果になったとしても、後悔は少なく、また自分で次の展開をつくっていくことができます。

自分の人生は自分で決められる子どもに。これもしっかり軸としておいてほしいことです。

◆まずは選ぶ力から

とはいえ、決める力にも順序というものがあります。人生の決断には、たくさんの情報や経験、多面的に物事を捉える力がなければ、本当に自分で考えて決断することはできません。

「中学生の間に進路について、人生の決断を自分でできるように」を目標に、まずは1歳のうちから、「選ぶ」という練習をしていきましょう。今日着る服、使うコップ、読む絵本、何でも構いません。

まずは2つを見せて、「どっちにする?」と聞いてみましょう。大事なポイントは、**子どもがどっちを選んだとしても、快く「いいよ」と言える2択にすること**です。親にとってどちらでもいいものを子どもに選ばせる習慣で、ここから先も、親子ともにストレスなく過ごせるようになります。

選ぶものは少しずつステップアップしていきましょう。我が家でも幼稚園に入り、習い事を始めるとき、どちらも信頼できると思う教室が2つあったので、両方体験に行って、子どもに選ばせました。公園から帰りたがらないときや、お片付けしたがらないときは、「じゃ、あと2回で終わりにする? それとも3回で終わりにする?」と聞いていました。

親の困らない選択肢の中で、たくさん選ばせてあげてくださいね。面白いことに、**小さな子どもでも自分で選ぶと、結果が想像と違っていても納得するもの**です。

決める、選ぶ、と同じように普段の生活の中で意識しておいてほしいこと。それは、**子ども自身に見つけさせる習慣**です。

◆発見する喜び

例えば、新しいおもちゃや絵本を買ったとき、「ほら、新しいおもちゃよ！」と見せてしまわず、子どもの目のつきそうな場所にわざとらしく置いておくと、子どもは「これ何⁉」と食いつきます。受け身で与えられたときよりも、自分で発見したときの方が、その物に対する興味もグッと高まり、夢中になるものです。子どもの情報処理能力は非常に高いので、本棚に他の本と一緒に並べておいてもすぐに見つかってしまうくらいです。

日頃から発見する喜びを味わっている子どもは、街を歩いても、景色をただ眺めても、いろいろなことに気づくようになります。**日常と学びが区切られず、日常が学びそのものになる**と、机に向かって勉強しなければいけない量もグッと減ります。

子どもの観察を尊重し、子ども自身の発見を一緒に喜んであげる親子関係をつくりましょう。その発見が大人から見れば当たり前のことだとしても、間違っていると思うことでも、**「子どもが発見を喜んでいる」ことに寄り添ってあげましょうね。**

子どもの見ている世界を一緒に楽しむことができれば、子どもとのコミュニケーションもずっとスムーズになるはずです。

◆叱らない育児

さて、それではいよいよ叱らない育児についてお話ししていきましょう。

叱らない育児と聞くと、なんだか漠然と良いことのような気がするでしょうか。それとも、「厳しく育てることこそが親の役目だ！」と反発したくなるでしょうか。叱らずに子どもがちゃんと育つなら、ストレスも少なくて理想的？　でも叱らずにしつけるなんて、本当に可能なのか、わがままになるんじゃないのか、と疑問もたくさんありそうですね。

もちろん、親にとってもストレスが断然少なくなります。でも何よりも知ってほしい、叱っても意味がない理由と、叱ってはいけない理由があるのです。**叱らない育児は、「できればした方がいいこと」ではなく、「子どもに関わる全ての人が知っておくべきこと」**だと思います。なぜ叱らない育児が大切なのか、どうやってしつけるのか、わがままにならないのか、ひとつずつ、できるだけ丁寧に話していきたいと思います。

◆叱っても意味がない理由

なぜ親は子どもを叱るのでしょうか。してはいけないことを教えるため、ですよね。ですが、実は子どもの脳が「○○したから○○になった」という因果関係を理解できるようになるのは、3歳程度の知能に発達した頃なのです。それまでは、因果関係どころか、「○○して○○になって」というエピソードを記憶しておく海馬という脳の機能がまだ完成していません。

つまり、**「○○したから叱られた」という、親が叱るときに一番伝えたいことが、そもそも理解も記憶もできない**のです。これでは叱っても何の意味もありません。

2歳くらいの子どもに、一生懸命お説教をして、「ごめんなさい」と言わせても、「なんで怒られたんだった？」と聞くと「知らない」と答えるんですよ！　でもその子が話を聞いていないからではないんです。3歳程度の知能に発達するまでは、まだそれを理解したり記憶したりするほど、人間の脳が発達しないものなのだということを、全ての大人が知っておくべきだと思います。親はみんな、子どもに何かを教えようと思って叱っているはずなのに。これを知ったら、少なくとも3歳までは、叱らなくなりませんか？

◆叱ってはいけない理由

叱っても無駄！効果ゼロ！だということが分かっていただけたかと思いますが、ゼロどころかマイナスになることもたくさんあるのです。

叱られた子どもは、なぜ叱られたかを理解も記憶もできないと言いました。では、その出来事そのものを全く覚えていないかというと、そうではありません。**覚えているのはなんと、「怒っている親の顔と、その口調」「怖いという感情」**です。そして**脳が萎縮してしまう**のです。イヤなことがあったときには、その顔と口調を真似します。よく「子どもが憎たらしい顔をする」「生意気な口の聞き方をする」と怒っている人は、自分がその見本を見せたと暴露しているようなものです。

これを知ったらもう叱れない！と思っていただけたでしょうか。でもまだこれだけではありません。

私がたくさんの子どもを見てきて思うのは、叱って育てられた子は、「叱られ慣れてしまう」ということです。日常的に叱られている子は、叱られても平気です。平気にならなければやってられませんからね。平気だと、「聞いているのか！　反省しなさい！」とさらに叱られる、負のスパイラルです。

やがて大人とのコミュニケーションが叱られることだけになり、コミュニケーションを求めて叱られることをするようにさえなります。

本来、大人から叱られる、怒られるということは、子どもにとってはかなりショッキングなことのはずです。大きくなって、人として本当にしてはいけないことを教えるため、本気で叱らなければいけないときがあるかもしれません。そのときのために、叱る、怒るは、大事に取っておきましょう。

◆どうやってしつけるの？

では、**どうやって叱らずにしつけるのか。これこそが親力の見せどころ。**

まずはここまで何度もお話ししたように、**親が見本を見せ続けること**が基本です。自分の行動をよく振り返り、子どもが真似をしたら叱るような行動はやめましょう。子どもが親の真似をするのは生きていくための本能ですからね。

そして次に、**叱る状況をつくらない**こと。触られて困るものは届くところや見えるところに置かないなど、叱る状況をつくらない環境づくりが大切です。子どもの好奇心は、食欲や睡眠欲と同じ、本能です。お腹が空いたことや、眠たくなったことを叱らないのと同じように、**興味を示すことを叱ってはいけません。**

この2つを守れば、そもそも叱ることなんて何があるんだろうと思うくらいです。3歳を過ぎても、**子どもの行動を予測し、叱りたくなる状況を回避するように心がければ、叱ることはほとんどなくなります**。

何事も、ダメ出しでは子どもが聞きたくないのは当然。指摘したいことは、次のチャンスを待って、先に「こうしようね」と伝えましょう。1回でできるようになることを期待せず、習慣になるまで、何度でも「こうしようね」と伝え続ける覚悟も必要です。

◆わがままにならない？

叱らずに育てると、わがままになるのでは？というのが、叱らない育児に対する一番の不安でしょうか。確かに、叱らずに育てることと、甘やかすことの境目が分かりにくい人も多いでしょうから、そこはハッキリさせておきたいところです。そのためには「わがまま」が一体何なのか考えてほしいと思います。大人に対して「わがままな人だ」と思うときは、「相手の立場や気持ちを考えずに、相手の意見を聞かずに、自己中心的に振る舞う人」というような意味でしょうか。もしそうなら、子どもをわがままな人間にならないように育てるには、相手の立場を考えられるように、相手を思いやれるようにすることが大切ですよね。

しかし、**多くの人が、子どもが自分の言うことを聞かないことに対して「わがままな子どもだ」と言っている**ように思うのです。もしそういう意味での、「わがままな子」にならないようにしたいと思っているなら、要注意です。それは、子どもを何でも「ハイ」と言って親の言う通りにしか動けない人形にしようとしていることに等しいからです。**わがままとは親の言うことに従わないことではない**、ということをまずはハッキリさせておきましょう。

◆「我が家のルール」を作りましょう

甘やかさないためには、ルール作りが大切です。ルールを守る経験、習慣は、幼稚園や小学校に入ってから集団の中で身に付けるものだと思われがちです。しかし、家庭は子どもにとって最初に経験する社会。ここでルールがあり、ルールを守るという経験を小さいうちにたくさんさせて、当たり前のことにしておきましょう。

ルールそのものは、それぞれの家庭のルールで構いません。困ってからルールを追加するよりは、なるべく困らないように先にルールを決めておきましょう。食事やおやつのルール、何時になったら何をするという時間のルールなど、**文句を言ったり叱ったりしたくなるようなことを、あらかじめルールとして決めておく**ことで、叱りたくなる場面を減らすこともできます。

年齢に応じて、お金のルール、宿題のルールなども決めていきましょう。我が家のルールは、チョコレートは1日1個、夜は8時になったら寝る準備をして8時半には布団に入る、お手伝いは1回10円、おもちゃは全部全員のもの、駐車場では手を繋ぐ、などなど。

ルール作りをするときに、子どもに相談して子どもの好きなようにさせてしまう人もいるようですが、ルール作りを子どもに相談する必要はありません。親が主導権を持って決めましょう。

◆ルールは絶対

さて、ルールが決まったらここからが大事なところ。ルールは絶対です。子どもにとって、シチュエーションによって変わるルールは理解が難しいので、シンプルに、**いつでも同じルール**にしておきましょう。

子どもがルールを守れるようにするために、一番してはいけないことは「駄々をこねれば思い通りになる」と思わせてしまうことです。**泣いたらさせてあげるようなことなら、最初からさせてあげましょう**。ダメと言ったけど、あまりに泣くので、仕方ないなぁ、と少しでも許してしまうことは、子どもに「泣けば許してもらえる」と教えているようなものです。

ですから、親が「それはしないよ」と言ったことは、泣こうがわめこうが、絶対にできないことなんだと、初めにしっかり刷り込んでおくことが大事です。だからといって、怖い顔をしてはいけませんよ！　笑顔で毅然と、ただ絶対に折れなければいいのです。

こちらが折れない限り、泣いている時間は「したい気持ちとできないという事実の間で葛藤している時間」ですから、子どもの心の成長にとってとても大切な時間になります。「したかったんだね」と共感した上で、もし未来にできる機会があることなら、「でも今はできないから、今度○○のときにしようね」と未来にはできることを伝えてあげましょう。そして、あとは**本人の納得のいくまで、葛藤させてあげてください。**

自分で自分の気持ちに整理がつけられるよう、こちらから手出し口出しせずに見守り、もし子どもの方から抱きついてきたときには、「頑張って我慢しようとしているんだね！」「すごいね！　我慢できたね！」と抱きしめてあげましょう。

◆周りの目を気にしない信念

子どもを泣かせておくと、周りの目が気になってしまうという人は多いかもしれません。お行儀よくさせたい理由も、周りの目が気になるからですよね。

そんなときは、もう一度優先順位を考えてみてください。今その子にとって何が一番大切なことか、今子どもの成長のために必要な葛藤をさせてあげることと、「周りの目と、どちらが重要か」という意識を少し持つだけで、周りの目はさほど気にならなくなるかもしれません。

どうすればいいのか対処法が分からないときほど、周りの目を気にしてしまうでしょうから、なぜそうした方がいいのか、自分の中で理由をしっかりと持っておきましょう。そうすれば、気にするどころか、周りの人に教えてあげたいとすら思うかもしれません。

どうしても周りの目を気にせずには過ごせない人は、周りの目が気にならない場所を選ぶなどするといいですが、周りの人はそんなに気にしていないものだと割りきることも大切です。

◆甘えさせて、甘やかさない

周りの目も気にせず、子どもの意思を尊重して、いつでも「いいよ」と言うことは、甘やかしにならないのかな？　という声もありそうですね。「甘やかし」とは「わがままを許すこと」、つまり、子どもの「駄々こね」に負けることだと思います。

家で決めたルールを守れている限り、また守ろうと葛藤させている限り、ルールが世間と比べて甘いかどうかを気にする必要はありません。**大切なのは、ルールは守るものなんだと学ぶことと、仕方のないことを受け入れられる心の成長**です。

駄々こねには絶対に負けず、でも甘えさせることは十分にしてあげましょう。甘えさせるとは、子どもが甘えてくる行動に応えることです。「抱っこ」「ギュー（ハグ）」などは少し大きくなってからでも「大きいのに！」と思わず、恥ずかしがらずにしてあげましょう。

◆わざと叱られる子

「甘える」がうまくできずに、叱られることで甘えようとする子がいます。もちろん、0歳からこの本をバイブルに育ててもらえれば、そうはならないはずですが、すでにそうなってしまっている場合もあるでしょう。

叱られることだと、もう分かっているはずなのに、わざとする子、いますよね。親はイライラがMAXになり、「何度言ったら分かるのー!!!」と叫ぶでしょうが、**子どもだって何のメリットもないことはしません**。叱られると分かっているのになぜするのか、真剣に考えてみてください。

ほとんどの場合、愛情に飢えているはずです。親に自分の方を向いてもらうため、親が必ずこちらを向いてくれる方法として、叱られる行動を選択しているのです。すでにこういう甘え方しかできなくなっている場合、とても根気が要ります。

まず、**好ましくない行動には反応せずに無視**が鉄則です。**叱られることでこちらを**

向いてほしいという子どもの期待に応えないことです。これを徹底しつつ、日常の中でたっぷり愛情表現をし、**正しく甘えられる時間**をつくってあげてください。

この兆候に早く気づけば気づくほど、修正もしやすいですから、子どもの行動はいつも、なぜそんな行動を取るのかな?という目線で観察しておきましょう。そもそも叱るポイントはなるべく少なくしておく、ということも大切です。

◆恐怖で支配しない

「ルールを守らせるときは、怖い顔をせず、笑顔で毅然と!」でしたね。

よく、「鬼が来るよ」「怖いおじさんに電話しようかな」などと言って言うことを聞かせようとする人がいますが、これは**単なる脅し**です。**しかも「嘘」**ですよね! 大人の「嘘」をもっともらしく見せるための、鬼から電話がかかってくるアプリまである始末。子どものファンタジーの世界と、嘘の脅しは違います。脅しは大人同士なら脅迫罪ですからね。ファンタジーかのごとく、「オバケが来るよ」などと脅すのは、

子どもを恐怖で支配しようとしていることに他なりません。怒って言うことを聞かせることも同じです。

なぜしてはいけないことなのか、理由を説明もせずに恐怖で支配して、何か子どものためになるでしょうか。そのときはうまくいったとしても、「鬼なんていない」と気づかれた後に残るのは「大人は嘘つきだ」ということだけです。

教育とは、言うことを聞かせることではありません。架空の子どもの怖いものに限らず、「ママに言うよ」「パパに言うよ」「先生に言うよ」など、他人を出してくるのも、**自分ではこの場を収められないと教えているようなもの**です。その場しのぎの嘘や他人に頼らず、自分と子どもの関係をしっかり築きましょう。

◆小さな嘘も厳禁です

言うことを聞かせるときだけでなく、気軽に小さな嘘をついている親も、よく見かけます。

ケータイで遊ばせたくないからといって「今日ケータイ持ってきてないの」と言ったり、ジュースを飲ませないために「これは苦いお薬よ」と言ったり、その場しのぎのごまかしでやり過ごそうとしているのです。その嘘、子どもにつき通せていると思いますか？

数分や数年でバレる嘘を平気でついている親が、子どもに嘘をついてはいけないと教えることはできません。苦いお薬、ケータイ持って来ていない、と毎日嘘をついている大人に子どもが叱られて、言うことを聞く気になるでしょうか。大人同士で考えれば、絶対に信頼関係を築けない行為ですよね。子どもをバカにしているとしか言えません。

もし、子どもにはまだ話せないことがあり、嘘をつくべきだと思ったなら、せめて子どもが中学生くらいになるまで隠し通すぐらいの覚悟を持つべきです。親との関わりの中で人格を形成し、社会の仕組みを学び、人との関わり方を学んでいくのですから、少なくとも**子どもがしたら叱ることを、親がしてはいけません。**

◆お菓子でつらない

その場しのぎの代表といえば、もうひとつは「お菓子あげるから」ではないでしょうか。お菓子やおもちゃをご褒美にしてつることは、反対ではありません。むしろ、子ども自身がまだ、なぜしなければならないのか理解しにくいことを、子どもの将来のためにさせておきたい場合などは、ご褒美でつることで親子ともに楽しくクリアできる場合が多いと思います。

しかし、子どもが言うことを聞かないから、グズったから、というときにお菓子でなんとかしようとしてはいけません。その場を収めたつもりでしょうが、実際は「グズったらお菓子をもらえる」「一旦言うことを聞かないでおくと、お菓子をあげるからと言ってもらえる」という思考回路をつくり、その後の子育てを困難にしているだけです。

言うことを聞かないなら、なぜ聞きたくないと子どもが思っているのか、グズっているなら、どんな要求があってグズっているのか、**本当の理由を突き止めて対処してあげることでしか、根本的な解決にはなりません。**子どもの気持ちを理解しようと、正面から向き合ってあげましょう。

◆交換条件を使わない

お菓子だけでなく、交換条件で言うことを聞かせようとするのも、その場しのぎでやりがちなことです。ご褒美との違いが難しいかもしれませんね。ご褒美は、それが欲しくて頑張るのか、したくないからご褒美をもらうのを諦めるのか、その選択は子どもの自由のはずです。

それに対して、子どもになんとかして言うことを聞かせるために提示する物や事は、ご褒美ではなく交換条件です。「ママの言うことを聞いてくれるなら、あなたの言うことも聞いてあげるわ」と言うと分かりやすいでしょうか。「あなたがしてくれないなら、ママだってしないからね」というのも脅しの交換条件ですよね。

普段から子どもに交換条件を出して子どもを動かそうとしていると、そのうち子どもからも交換条件を出してくるようになりますよ。

◆その場しのぎは遠回りです

その場しのぎのあの手この手でやり過ごそうとする人は、子どもときちんと向き合うことが面倒だと感じているのかもしれません。しかし、その場しのぎは何度でも繰り返し続けることになるのですから、**その場しのぎこそ、こんな面倒なことはありません。**グズったらお菓子がもらえると思われては、すぐグズる子どもになって大変ですし、子どもの本当の気持ちを知らないまま過ごせば過ごすほど、何を考えているのかお互いに分からない親子関係になり、どんどん子育てが難しくなるでしょう。

子どもの「なんで？」にも、きちんと答えれば一度ですむのに、ごまかせば解決していない「なんで？」が溜まっていき、親への信頼や尊敬も得られないというマイナスだらけ。

大きくなれば、学校のことやお友達のことなど、大きい子なりの悩みが出てくるもの。小さいうちに解決しておくべきものは、きちんと解決しておきましょう。小さい頃に手をかければかけるほど、子育ては楽になっていくものです。

あの手この手でその場その場の言うことを聞かせるのではなく、毎回きちんと理由を説明し、近い将来に子どもが自分で考えて行動できるよう、子どもの考える力を育てていきましょう。

◆みんな○○しているよ、○○していないよ

他にも、子どもが親の思うように行動しないときに「見てごらん、みんなそんなことしていないよ」「みんなちゃんと○○しているよ」などと言う親もいます。幼児教室でも、「誰も机に上っていないでしょ」「みんな走ったりしていないよ」と言う親がいましたが、その言葉かけで親の望む行動を取る子は見たことがありません。

当たり前です。そもそも周りと同じようにしなければいけないなんて思っているの

は、大人だけなのですから。ましてや、自分と他の子を比べて、自分の方が悪いと言われているわけですから、聞く耳を持つはずもありません。

その上、**他の子がどうしているかを基準に自分の行動を決めなさいと教えているようなもの**ですから、子どもが何かしてはいけないことをしたとき、「だってみんなもしてたもん」と言われても仕方のない子育てをしているということに気づいてください。

なぜ走りたいのかな？　なぜ机に上りたいのかな？　上りたいブームなのかな？　レッスンのスピードが遅くてつまらないのかな？　と理由を考えてあげる、**なぜそうするべきなのか、きちんと理由を説明する**、そういう習慣をつけましょう。

「みんながしているから」を理由にしてしまう人は、自分自身がそれだけ他人の行動や周りの目を気にして、自分の意思ではないところでいろいろなことを決めているのだと気づいてくださいね。

◆我慢の練習

我慢の教育も、子育ての中で非常に大事なことです。子どもはいつから我慢できるようになるのでしょう。

自分で自分を律し、自分の意思で我慢ができるようになるのは3歳頃から。もちろん何事も、○歳になったからといって、勝手にできるようになるわけではありません。それまでの土台づくりから始まっています。

我慢というと、泣かずに耐えることだと思いがちですが、**泣いて葛藤しても、最終的に納得できれば、それは十分我慢したことになります。**

1歳からは、親が意識的に我慢の土台をつくっていきましょう。勘違いしてはいけないのは、何でもかんでも親が禁止したことをさせないのが我慢をさせるということではない、ということです。**幼児期に覚えたいのは、次の機会を待つ「我慢」**です。「今はできないけど、明日しようね」ということが理解でき、明日まで待つことができれば、立派な我慢です。いきなり明日まで待つのは、ハードルが高すぎるので、まずは10秒程度から。「ちょっと待ってね」から始めましょう。「ちょっと待ってね」は「待てばしてもらえることなのだ」と理解できれば、待つことができるようになっていきますから、親も**「ちょっと待ってね」は「後で必ずしてあげる」という意味で使うように**徹底しましょう。

「ママー！」と呼ばれて、手を拭いてから行くようなとき、「ちょっと待ってね、手を拭いたら行くね」などと言い、10秒程度で子どものところへ行く、といったことから始めてみてくださいね。2歳で2分待てれば十分です。少しずつ、スモールステップが大切です。

◆「できない」ではなく、「いつかしようね」

待つ練習といえば、ひとつ意識しておいてほしい声かけがあります。今は当分の間、できないようなことでも、「できない」で終わらず、「大きくなったらしようね」などと未来を意識させてあげてほしいのです。

例えば「飛行機に乗りたいな」と言われたとしましょう。でも旅行なんて当分行けなさそう。そんなときでも、「乗れないな」と言わずに「へぇー、飛行機に乗りたいんだね、じゃあ、そのうち乗ろうか」「大きくなったら乗ろうね」のように、いつかは乗れるという返事にしてあげてほしいのです。つまり否定文を使わない、ということですね。

そんな大きなことでなくても、日頃から、「ジュースが飲みたい」と言われたら、「ここではジュース飲んだらだめなの」で終わらず、「ここは飲んだらいけないところだから、おうちに帰ったら飲もうね」というように、**いつできるかを教えてあげるこ**とで、待つことができるようになっていきます。いつまで待てばいいのか分からずに待つなんて、大人でも難しいですよね。

◆子どもの言葉をきちんと聞きましょう

子どもの言葉の中にないことを付け加えた、勝手な解釈をしている人も見かけます。スーパーで子どもが「アンパンマン！」と言ったら、私なら「ほんとだ、アンパンマンだねー。アンパンマンバイバーイ」です。ところが声を荒らげて「買わないよ！」と言う人がいるのです。え？　今、買ってって言いましたか？　「アンパンマン！」に対する返事にはなっていません。子どもがただ「アンパンマン見つけた」と言っているだけだとしたら、とんでもなく会話が噛み合っていません。

もし子どもが本当に買ってほしくて言っているなら、「アンパンマンがどうしたの？」とちゃんと言わせるか、「アンパンマン欲しいね」と代弁してあげましょう。

きちんと言葉にできていないのに、言ったことにするのは、まるで「お茶〜」「ママはお茶じゃない」を親がしているようなものです。聞かれたことにきちんと返事をすることを教えたいなら、親も子どもの言葉にきちんと返事をしましょう。「お茶〜」

と言われたら「お茶なら冷蔵庫だよ」などが正しい返事でしょうか。まだ子どもの語彙が少なくて言えていないなら、「お茶が欲しいの?」と言い方を教えてあげましょう。

子どもの言葉そのものに**勝手な解釈をつけず、シンプルに返事をすることは、国語力にも大事**なことです。

◆気持ちは否定しない

今は飛行機に乗れなくても、ジュースを飲めなくても、アンパンマンが買えなくても、「乗りたい」「飲みたい」「欲しい」と思うことや感じることは、自由なはずです。行動は「○○してはいけない」ことはあっても、気持ちは「○○と思ってはいけない」ということはありません。

極端に言えば、人を殺しては絶対にいけませんが、殺したいほど憎いと思ってはいけませんと言うことはできないと思うのです。もちろん、そう思わない人間に育つように、してあげるべきことが親にはたくさんあります。でも、**どんなときでも、子どもの気持ちは理解してあげましょう。**

よく子どもが欲しがるものに「そんなものは要らない」「無駄」というような言い方をする人がいますが、**子どもがそれを欲しいと思う気持ちをバカにするのは良くありません。**

お友達におもちゃを貸してあげられないときも、「他ので遊べばいいじゃない」と、親の勝手な意見を言う人がたくさんいます。貸してあげたくない気持ち、その気持ちは分かってあげられますよね。帰らなければいけないけれどまだ帰りたくないとき、**その気持ちは分かるはずです。**「そうだよねー、○○したいんだよね」と、まずは共感しましょう。

本当に子どもの立場になって気持ちを考えれば、子どもとのコミュニケーションも取りやすくなるでしょう。

◆子ども同士の人間関係を見守りましょう

おもちゃの取り合いは、大切なポイントがたくさん詰まっているので、ここでじっくりお話ししておきたいと思います。

まず、おもちゃの取り合いは、子どもが最初に体験する、子ども同士の人間関係の大切な練習の機会だと捉えてください。兄弟でも、お友達でも、**おもちゃを貸せるのが良いこと、貸せるのが優しい子、お兄ちゃんやお姉ちゃんが貸してあげるべき、などという考えは捨ててください。**

確かに、年齢が上がっていくにつれ、貸せるようになったり、貸してくれなくても我慢できるようになったりするものですが、親の顔色をうかがって、貸さないと怒られるのではないか、親に嫌われるのではないか、というような恐怖からおもちゃを貸せるようになっても、何の意味もありません。

大切なのは、自分で考えて行動し、相手の様子を見て感じ、そしてまた次にどう行

動するかを自分で考えるという経験をさせることです。

私が働いていた幼児教室では、親も講師もおもちゃの取り合いを見守ることになっていたので、面白いことがたくさんありました。おもちゃの取り合いになった２歳前の男の子２人、お互いに譲らず、力の強い子がおもちゃをゲットしました。負けてしまった子がお母さんの膝で泣いていると、おもちゃを取った方の子がそっと寄ってきて、おもちゃを差し出したのです。勝ったものの、泣いている相手を見て、「やっぱり貸してあげよう」と自分で決めたんですね。そして面白いことに、この男の子たち、女の子が「貸して」と来ると、すんなり貸してあげるんですよ！

◆サポートは必要です

子どもたちには子どもたちの人間関係があります。子どもが困っているときに、ヒントをあげるなどしてサポートしていくことは必要ですが、**子ども同士の関係を大人が操ってはいけません。**

「貸してあげなさい」「他ので遊んだらいいでしょ」と子どもの気持ちを無視した指示をすることや、「今のはどっちが悪い」と審判をすることは、子どもがこれから先、自分で人間関係を築いていく力を奪ってしまいます。

いつもおもちゃを取ってしまう子も、大人が黙っていれば、相手の表情などを見て感じることがたくさんありますが、もしそこで自分を否定されれば、自分を正当化することに意識が向いてしまい、大切な学びがなくなってしまいます。

いつも取られてしまう子も、取られたら悲しいということを学ぶ機会ですから、それを「弱い」などと言わなければ、優しい子に育つでしょう。

親はサポート役に徹し、「貸してって言ってみる？」「どうする？　他のおもちゃも探してみる？」「あと3回で交代するのはどう？」とヒントを出したり、「○○ちゃんも遊びたいんだって」「今は貸したくないんだって」とお互いの気持ちを代弁してあげたり、「○○ちゃん、泣いちゃったね」と感情を入れずに状況について話したりしていくうちに、少しずつ自分で関わっていけるようになるでしょう。

おもちゃの引っ張り合いになったときは、転んで頭を打たないように後ろで受け止める準備をして見守るのが親の役目です。

「一緒に遊びなさい」と言う親もよくいますが、子ども同士がひとつのことを一緒にして遊べるようになるのは、幼稚園の頃からが目安です。それまでは、同じ場所にいてもそれぞれひとり遊びをするのが普通。お友達と一緒に遊ぶのも、親が一緒に「遊んで」あげた経験からです。

◆体験が一番の学び

お友達との関わりだけでなく、**何事も子ども自身に体験させることが何よりも大切**です。命に関わるような危険でない限り、多少の怪我も失敗も、体験させてあげてください。

「危ないから」という理由で、当たり前のように禁止・指示・命令し、子どもに何も体験させていない親が増えてきているように思います。危険でなくても、「失敗をせずに最短で正解に辿り着くのが子どものためだ」と思っている親さえいます。

大人が失敗だと思うことも、子どもにとっては大切な学びです。カップ積みのおもちゃで、小さいカップの上に大きいカップを積もうとしても、すっぽり被ってしまって積めないということを学ぶのと同じです。

私は家庭教師をしていても、答えは教えません。正解は教えるものではなく、自分で考え、気づいて導き出すものだからです。その子が1人でできるようになるのが目的ですから、子育てと同じですね。

子育ても、**子どもが自分で考え、生きていけるようにするのが目的**。親がフォローしてあげられるうちに、たくさんの失敗を経験させてあげましょう。

◆多少の怪我なら、させましょう

怪我も多少ならさせましょうと言いましたが、怪我はしないに越したことがないのでは、と思われたかもしれません。息子が1歳の頃、引き出しを開け閉めするときに指を挟みそうでヒヤヒヤしたのですが、「指挟むよ〜」と声をかけていると、ある日本当に挟みました。軽い引き出しだったので、大した怪我もしませんでしたが、「痛かったねー、指挟んじゃったねー、挟むと痛いよねー、よしよし」と話すと、それから引き出しに指を挟みそうなときも、「指挟むよ！」と声をかけると、パッと手を離せるようになり、次第に自分で注意できるようになりました。

親が手を掴んで離させていては、自分で離せるようになるのに何倍も時間がかかったでしょう。同じように、コンロのグリルの窓も、「触ったら熱いよ」と言っていても触り、熱いのを体験して理解し、二度と触らなくなりました。キッチンは危ないし、入られると邪魔だと柵で封鎖してしまう家も多いですが、禁止するより、親が見てあげられるうちに体験させ、正しい使い方を教えた方がずっといいのです。

「目の前に石が転がっていて、そのまま行けば転ぶと分かっていても、絆創膏を用意して見守るのが親の役目」

母の名言です。**目の前の石を取り除いてあげていては、自分で生きていく力は身に付きません。**

◆どうなるか伝えた上で体験させる

ポイントは、「指を挟むよ」「触ったら熱いよ」と伝えた上で、無理にやめさせるのではなく、**実際にどうなって挟まってしまうのか、熱いとどういう感じなのか、体験させる**ということです。

そして体験した後も、「ほら、言ったでしょ！」ではなく、「挟まっちゃったね、痛かったね」「ここ触ったら熱いね、触らない方がいいね」と、共感して、今度から気をつけよう！と一緒に決意するように声をかければ、心から「今度から気をつけよう」と思うでしょう。

指示・命令は反発を生むということを忘れてはいけません。「きっと○○になると思うよ」と意見は伝えた上で、どうするかは子どもが自分で決めて、どんな結果になるか経験すればいいのです。

「そのおもちゃ、お出かけに持っていくとなくなっちゃうかもしれないよ」と伝えて、

「じゃあ、やめておこう」と思うのも、「そうか、気をつけて持っていこう」と思うのも、子どもが自分で考えたことです。「自分はなくさないもん！」と思うのも、「なくなってもいいから、それでも持っていきたい」と思うのも、全て自由な考えです。大人から見れば、「大丈夫と思っても置き忘れるのよ」「なくなったら泣くじゃない」と思うかもしれませんが、置き忘れてみればいいし、なくして泣けばいいんです。それも子どもの人生の経験です。

どうしてもなくしてはいけないような物は、お出かけには持っていかないという約束を先にしておきましょう。**なるべく子どもが自分の経験や、想像できる範囲で考えて決断できるよう、見守りましょう**。そしてどんな結果になるのか経験し、またその次はどうするのか考える。そんな積み重ねが、答えのないことを考え、決断する力、新しい道を切り開いていく力になるのです。

◆実験結果から学習する

おもちゃがなくなっても、どんな結果になっても、ひとつひとつの経験が子どもにとっては大切な実験結果です。結果から、次はこうしてみようと考え、試してみる。試行錯誤能力こそが自分で考える力です。

親の役目は、子どもの実験を見守り、うまくいった喜びや、うまくいかなかった悲しみに共感すること。そして時々、「○○してみるのはどうかな?」と提案してみたり、「○○したら今度は○○になったよね」と因果関係を意識させたりと、子どもが自分で考えるための材料を提供することです。

ただし、子どもは自分の経験をまとめ、物事を理解する能力が高いですから、あまり言葉で説明しすぎないようにしましょう。**子どもを1人の人間として人格を尊重するということは、指示・命令をせずに子どもの考えや決断を尊重し、子どもがひとつひとつ経験していく様子を見守るということ**だと思います。

サポート役に徹し、いつも応援しているよ、一緒に良い方法を考えていくチームの仲間だよ、という接し方を心がければ、小学校以降の親子関係もスムーズに築いていけるはずです。

◆失敗したときに教えておきたいこと

生活の中での失敗については、その後どうすればいいのかを教えておきたいこともあります。

例えば、飲み物をこぼしてしまったときなど、こぼさないように気をつけよう、ということで終わらせて、後片付けは親がしてしまいがち。ですが、雑巾を置いてある場所を教えて、一緒に拭き、使い終わった雑巾を置く場所、濡れてしまった服を置く場所、新しい服が入っている場所などを教えることで、**失敗が最大限学びのチャンスに変わります**。

生活力は自立にとって大切な力ですから、後片付けなどはなるべく子どもと一緒にして、生活力を高めていきましょう。

◆勉強が好きになるために

さて、1歳のお話もそろそろ終盤。勉強にはまだまだ関係のない年齢のように思えますが、ぜひ「勉強」に関わる前に考えておいてほしいことがあります。

それは「勉強」に対する、親のイメージ。「勉強」はイヤだけれどしなければいけないもの？　できなければ良い学校に入れない？　良い仕事につけない？　勉強について話し始めたときに、無意識に出てくる「勉強とはこういうものだ」というイメージを見つけてみてください。

勉強が大嫌い！という方は分かりやすいですが、勉強はできたし嫌いってほどでもないなぁ、という方は自分の言葉に注意してみてくださいね。

子どもが勉強をする年齢になったとき、勉強に対する親のイメージが言葉の端々に漏れ出て、子どもの勉強に対するイメージをつくっていきます。本来、子どもにとっては生まれた日から全てのことが学びです。**学びは楽しく、子どもが一番求めているもの**。それが勉強という名前になったとたん、強制されるものにならないようにしたいですね。

新しいことを知ること、何かに気づくこと、自分の知っていることが結び付いていくこと、どれも嬉しいことばかりのはずです。数についての興味がそのまま算数に結び付き、言葉についての興味や絵本の世界を楽しむことがそのまま国語へと、全てが境目なく繋がっているのです。積み木遊びが空間図形へ、物を落としたり転がしたりは物理へ、という目で遊びを見ていけば、勉強へのイメージも変わるでしょうか。

計算のスピードや正確さを上げたり、漢字の書き順を覚えたり、多少の練習や積み重ねが必要なものもありますが、それも知能が高ければ高いほど、少なくすむことでしょう。

◆デジタルの是非

遊びの延長で、息子たちはテレビからもたくさんのことを学んできたと思います。特に生き物の生態については、日常ではなかなか触れることができない映像をテレビで見て、大人顔負けの知識を得てきました。小さい頃から自然と、**テレビは新しいことを知るための道具**になってきたのです。

テレビをはじめとする、デジタル機器については賛否両論、いろいろな意見があると思います。中でも、最も小さいうちから触れやすいのが、テレビではないでしょうか。テレビに否定的な人はテレビのどんな部分が良くないと考えているのか、良い面はどんなところかをまとめて、私が行き着いた考えは、**テレビを上手に利用すること**です。

もちろん、近くで見ればブルーライトは目に良くありませんし、言葉がまだ十分に発達していない子どもに、一方通行のテレビを見せ続けることは良くありません。子どもには見せたくない番組もたくさんあります。しっかりと親が番組やＤＶＤを選び、外が明るいうちに時間を決めて見せれば、テレビから得られるものはたくさんあると思います。

英語教材のＤＶＤや、お気に入りの番組を何度も何度も繰り返し見て覚える。同じことを繰り返す習慣は、テレビでも培われたかもしれません。息子たちは今でもリアルタイムで放送されている番組はほとんど見ず、お気に入りの動物番組、サッカー番組、クイズ番組などを録画して、繰り返し見ています。

◆戦隊ものは必要か

見せる番組を選ぶ上で、戦隊ヒーローものは意図的に一切見せませんでした。どんなに相手が悪くても、叩いたり蹴ったりしていいわけではないと教えてきたので、ヒーローが悪者を攻撃をしてやっつけるのがカッコ良くては、私にとっては困るからです。

社会のルールとして、「やられたら、やり返す」は通用しません。やり返せば自分も同罪なのです。相手が暴力を振るってきたときに、大人なら警察に相談するように、子どもも先生や親に訴えるべきです。自分でやり返すのが良い方法だとは思いません。

素手でケンカする経験が必要という意見もありますが、力加減を学ばせたいなら、スポーツなどで経験すればいい。子どものうちでも、ケンカの中で暴力を振るっていいわけではないはずです。大人だろうが子どもだろうが、暴力はいけません。

幼稚園に入ると、長男は年長の頃、お友達との関わりの中で戦隊もののキャラクターの名前や台詞を覚えて、真似をしたりしていましたが、すぐに興味は薄れました。次男はたまにテレビで戦隊ものが始まると、「怖いのやってる」と自分の好きな番組に変えます。兄弟で戦うのは、もっぱらサッカー。

「男の子は戦隊ものが好き」「必ず通る道」などという考え方は捨てましょう。**通らせるか通らせないかは、親の判断**です。特に最近の戦隊ものは、ストーリーも複雑化し、何が正義かも分かりにくくなっています。

正義だ悪だ、と力で攻撃するという考えは、私は子どもには見せたくありませんでした。

◆スマホ、タブレットとの付き合い方

テレビ以上に、スマホやタブレットはこれからの時代、生きていくのに必要なものになっていくでしょう。どんな物でも同じですが、**禁止するより正しい使い方や上手な付き合い方を教えていく方が、子どもの将来にとって大切**だと思います。

何事もあまり禁止すると、禁止されなくなったときの反動が大きくなりますから、使いすぎないようにルールを決め、一緒に何かを調べたり、成長の記録を残したり、上手な使い方を教えていきましょう。長時間使わない、暗いところで見ない、寝る前には使わない、などルールをきちんと決め、習慣にしていきましょう。ルールは子どものその時分かる範囲で理由も説明してあげてくださいね。

例えば、寝る前に使ってはいけない理由。「スマホやタブレットから出ている光はとても強いから、その光が目に入ると、体が昼と間違って、眠くならないんだよ」、という感じです。

小学校の授業でもすでに、電子黒板や個人のタブレットなどが導入されて、学習に役立っています。箱の展開図が組み立てられていく様子など、平面では理解しにくいものが、映像で組み立てられたり、回転させていろいろな角度から見ることができたりするのは、こういう教材の利点ですよね。

子どもが1人で動画を見たり、ゲームをしたりするなど、スマホやタブレットに子守りをさせるような使い方は良くありませんが、便利なツールとしての正しい利用の仕方は積極的に教えていくべきだと思います。

第４章　２歳

さて、いよいよ2歳。ここまでは、親が主導して、与えたり見守ったりという時期でした。ここから2歳の1年間には言葉の量がいっきに増え、コミュニケーションがより双方向になり、分かりやすくなります。一方で、子どもの口が達者になるにつれ、言うことを聞かせるための言葉が増えてしまう親が多くなります。逆に口が達者になってきたからと、子どもは大人と同じように何でも分かっているのだと錯覚してしまい、腹が立って叱ってしまったりすることも出てくるかもしれませんね。

2歳以降は、子どもが精神的にどれくらい成長しているのか、言葉の意味や物事の因果関係、社会の仕組み、人の感情など、どれくらい理解しているのか、今の子どものレベルをきちんと見極めて関わっていくことがとても大切になってくる時期です。

0歳、1歳の項で、子育ての基本については一通りお話しできたと思います。ここから取り上げる内容は、さらに親力をレベルアップさせる発展編です。ですが、ほとんどが就学前まで変わらず気をつけてほしいことばかりなので、ひとつひとつ考えを深めていってほしいと思います。

◆子どもの理解できる言葉で話す

子どもとコミュニケーションを取る上で大切なことは、子どもが理解できる言葉で話すということ。これは、幼児語という意味ではもちろんありません。

普段の会話の内容によって、子どもの語彙力には大きな差が生まれていますから、月齢によらず、現在の子どもの理解度に合わせて、親が何を言っているのか、**子どもが完全に理解できる会話**を心がけてほしいのです。

いつも理解できる言葉で話していると、その中にひとつ知らない言葉が出てきたとき、子どもは「それどういう意味？」ときちんと聞いてくれるはずです。

しかし、日常的に分からない言葉がたくさん出てくる環境では、子どもにとって親の話は「なんだか分かるような分からないような、きっとこういう感じかな？」という話にしか聞こえていないでしょう。

相手の話をきちんと理解するという習慣は、これから先、人と関わっていく上で非常に重要なことですが、ここが欠けている子が多いのが現状です。

そしてこれは、絵本を読んだときも、大きくなってから国語の文章を読むときにも繋がっているのです。「読解力がない」「何度も言わなければ分からない」の根っこはここだと思っています。

子どもにとって「ちゃんと聞けば、ちゃんと分かる」という話し方をしていないのに、「何度言えば分かるの！」「ちゃんと話を聞きなさい！」といくら言っても意味がないですよね。

大人が思っている以上の能力を持ってはいても、大人が思っているほど言葉の意味は理解していないという、大人側の誤解がよくあると思います。子どもが本当に理解できているか、こちらの言葉の選び方や説明の仕方に気をつけましょう。

◆知ることから全て始まる

語彙だけでなく、理解できる物事の内容が多ければ多いほど、コミュニケーションはスムーズになりますから、どんなことも、**子どもの理解できる範囲でなるべく噛み砕いて、どんどん教えていってあげてほしいのです。**

物の名前でも、「木だね」「花だよ」だけではなく、「桜の木だよ。春になったら薄いピンクの花が咲くんだよ。これはソメイヨシノかな？　ソメイヨシノは日本で一番多い桜だよ」と自分の知っている限りの情報を、シャワーのように与えていきましょう。情報は子どもだからといって減らす必要はありません。

理科や社会の話も当たり前のようにします。「ごはんをごっくんしたら、食道っていうトンネルを通って、胃っていう袋でごはんをぐちゃぐちゃのどろどろにして、小腸に行って栄養を吸い取って、最後に大腸に行って水を取ってうんちになるんだよ」とか、「大人は仕事をしてお金をもらって、そのお金でお買い物をしたり、お水のお金を払ったり、電気のお金を払ったりしているんだよ」とか、どんなことでも子どもに理解できる言葉にして、なるべくきちんと話してあげましょう。

◆話の長さにも気をつけましょう

言葉だけでなく、**子どもが相手の話に集中できる時間の長さにも注意**して、子どもの様子をよく観察しましょう。

これは、「何歳だから何秒」ということではなく、子どもが興味を持っている内容なら長くなったり、あまり言われたくない内容ならとても短くなったり、テレビがついていたら短くなったり、と変化するものです。

まだ2歳では、子どもが言われたくない話をする機会はつくらないようにするべきですが、**子どもがこちらの言うことに耳を傾けている間に、簡潔に伝えきる**ということを日頃から心がけましょう。もう次のことへ気持ちがいってしまっている子どもに、無理やりこちらを向かせて話しても、右から左へ抜けていってしまうだけです。

話を聞かない子どもが悪いのではなく、まだ話を聞ける時間が短いのです。「右から左へ」の習慣をつけてしまわないためにも、子どもの注意がこちらに向いているかどうか、注意深く観察しながら話をしましょう。

◆行動を誘導したいときは

指示・命令は、子どもがしっかりしてくればくるほど、子どもにとってあまり聞きたくないことの代表です。指示・命令せずに、親の思う方へ行動を誘導するには、子どもにとってどんなメリットがあるのかを考えて伝えることです。

感じることとは、大人も子どもも同じです。自分の悪いところを指摘されたり、指示・命令されるのは気分のいいものではありません。大人なら、相手との関係が壊れないように我慢をして聞いたり、あるいは自分のために言ってくれているんだと聞こうとしたりするかもしれませんが、子どもはイヤなことは聞きません。

イヤなことを無理やり聞かせようと、「鬼が来る」とか、「おやつをあげないよ」と、脅す親も多いように思いますが、それは本当の教育ではありません。**子どもの立場で考えて、子どもにとってどんなメリットがあるのか伝えれば、子どももすんなり聞き入れます。**

もし子どもにとってのメリットが思いつかないようなことなら、言うことを聞かせたいのは、ただの大人の都合ということですね。

◆メリットを考えてみましょう

子どもにとってのメリットを考えるのは、人によっては多少の練習が必要かもしれません。

例えば、子どもがテーブルの端にコップを置いていたら、「こんなところに置いたら危ないでしょ」と言ってしまう人。あなたが子どもの立場でこう言われると、すごくとがめられているように感じませんか？

「コップはテーブルの真ん中に置くと、こぼれにくいんだよ」と言って親が置き直したら、どうですか？「そうなんだ！　今度からそうしようっと！」と思いませんか？　こぼれたら悲しい、こぼれたらイヤだな、という気持ちが子どもにあれば、そう思うのではないかと思います。

こぼしてほしくない、片付けが面倒だわ、と親が思っていると、なんとかして言うことを聞かせようと思ってしまいますが、**親が言うことを聞かせようとしていることを、子どもは敏感に感じ取ります**から、こぼれても拭けばいい！　と心から思っておくことも大切です。こぼしてしまったときは、拭くことを教えるチャンスですからね。

◆最後は子どもの意思に任せる

つまり重要なのは、言う通りにさせようという狙いで言うのではなく、子どもにとってそうした方がいいと心から思ってアドバイスをする、という姿勢でいることです。

それでも子どもが譲れないなら、思う通りにさせてみましょう。テーブルの端に置きたい、特別な思いがあるのかもしれません。

その結果、飲み物がこぼれてしまったとしても、「ほら、言ったでしょ！」と言ってはいけませんよ。「こぼれちゃったね、悲しいね、一緒に拭こうか」です。「端っこに置くとこぼれやすいから、今度はもう少し真ん中に置くようにしようね」と添えても構いません。

それで、「こぼれても別にいいや」と思うのも、「言う通りにしておけばよかった」と思うのも、子どもが自分で思ったことです。

どんな行動がどんな結果を招くのか、百聞は一見にしかず、子ども自身に経験させ、子ども自身が感じることを見守りましょう。**今日、飲み物をこぼさないことより、自分で経験したことから、子ども自身が改善しようと考え、次からこぼさないためにどうしようかと思うことこそが大切**です。そう考えて接することで、親の話を素直に聞ける親子関係が築かれるはずです。

◆寝る前の絵本は要注意

話をきちんと理解する習慣をつける上で、気をつけてほしいのは寝る前の絵本です。我が家でも寝る前に毎日絵本を読むようにしていた時期もありましたが、子どもたちは絵本の話に夢中になり、その後寝ようとしても、絵本のストーリーが気になって、布団の中で延々と絵本の話をすることもありました。

それくらいお話の世界を楽しめるように育てることもポイントなのですが、ここで気をつけてほしいのは、絵本を読んであげると、途中で寝てしまう子です。**お話の途中で寝るということは、お話を聞いていないということ**だと私は思うのです。

おそらく、耳から音としては聞こえていても、ひとつひとつの言葉の意味をきちんと理解し、内容を理解しながらは聞いていないでしょう。これは自分で本を読むようになって、字を追っているのに内容があまり入ってこない子や、話をしているのにどこか上の空の子と繋がりがあると感じています。ストーリーのある絵本はやはり、ストーリーをしっかり楽しんで、絵本が好きに、文章が好きにさせてあげたいものです。

◆我が家の絵本タイム

子どもを寝かせるために、優しく静かに読んであげている親も多いのかもしれませんね。でも、絵本を読んでいる途中に寝るなんて、我が家では考えられません。だって絵本を読み始めたら、布団の上は劇場。読んでいる私も、子どもたちも、お話の世界の中で登場人物と一緒になって、驚いたり喜んだり、怖がったり慌てたりしているのですから。

絵本の読み方にはバリエーションがありますが、まず**基本は劇場型**です。劇場型でストーリーがしっかり頭と心に入ってきたら、早口読みで脳内のスピードアップを図ります。

また、台詞を覚えるほど同じ絵本を何度も読んで、生活の中でも絵本のフレーズを替え歌のようにその場の状況に合う言葉にアレンジして言うなどして、**普段の生活と**

絵本の世界を繋ぎ、絵本のストーリーのリアリティを増していきます。

◆記憶力

絵本はストーリーのあるものの他に、図鑑タイプのものもたくさんありますね。長男は小さい頃は図鑑タイプのものが好きで、2歳半までにひらがな、動物、電車、新幹線、アンパンマン、都道府県の名前に特産物……とたくさん覚えました。

実は、記憶したものを将来まで覚えているかは、重要ではありません。**記憶の引き出しの量をたくさんつくること、そしてその引き出しに記憶を出したり入れたりという作業をたくさん経験することが大切**です。

子どもが好きなものについて、将来必要のない情報だと思っても、種類や名前をたくさん覚えるように仕向けてみてください。新しいものに興味が出てきたら、またそれについて、と覚える習慣をどんどん仕掛けていきましょう。

私も今までどれだけ一緒に覚えてきたか分かりません。いろいろなものに詳しくなりました。息子の記憶力はどんどん伸び、今や新しいことを覚えていくスピードにはついていけなくなりました。

記憶力は比較的、後からでも伸ばしやすい能力ですが、小さい頃から覚えることが自然なことで、覚えることが得意であれば、生活面でも学習面でも、良いことがたくさんあるはずです。

◆子どもの中で情報が繋がる

実は初めは、あまり暗記ばかりさせるようなことはどうかと少し戸惑いもありました。知識を増やすより、考えることの方が大切なのではないかという思いがあったのです。

ですが、息子を見ていて分かったのは、**知識が多いからこそ、自分で考えられることの範囲が広い**ということでした。彼の中では知識と知識が自分の中で繋がっていき、そこから「だから○○なのかな?」と推測できることも増えていたのです。生まれたときからたくさん言葉を聞いて、自分の中で文法を構築してきたように、知識と経験を組み合わせ、考える力を伸ばしていたのです。

人は何事もゼロから考えることはできません。知識と経験が何層にも重なって理解が深まり、そこから自分なりの考えをつくり上げていけるのです。つまり、**何事も知ることから**なのです。繋がりは自分で気づけばいい。小さいうちは、暗記させようとするわけでもなく、ただただ情報を広く浅く、そして次第にどんどん深く、シャワーのようにかけるのです。

子どもの興味に合わせて一緒に調べたりしながら、遊びの中で知識の幅をどんどん増やしていってあげましょう。

◆答えは言わない

0歳、1歳の章でもずっと言ってきたことですが、2歳でもやはり気をつけていただきたいのは、「答えを言わない」ということ。

子どもとコミュニケーションが取れるようになると、博識な親の中には情報を与えようとするあまり、全てを話してしまう人も多いと思います。

子どもが少しずつ自分で考えられるようになってくるこの時期、**子どもの「なんでだろう?」は考える意欲の源です**。全てに「〇〇だからよ」と答えを言ってしまわず、「ほんとだね、なんでだろうね、不思議だね」と止めておく我慢も必要になってきます。

子どもなりの考えで「〇〇だからかな?」と言ったことが、大人から見て不正解だったとしても、「なるほど!　そうかもしれないね!　面白いこと考えたね!」と見守ってあげられれば、正解を答えることだけにこだわらず、自分の力で考える習慣をつけることになるでしょう。

ぜひ子どもと一緒になって、「〇〇かもしれないね!」「〇〇だからじゃない?」と、常識にとらわれない、いろいろな可能性を考えてみてください。多面的にいろいろな方向から物事を見ようとする、とてもよい練習になりますよ。

自分で考えながら、いろいろな知識と経験を重ねて、将来あなたと同じ意見になるかもしれませんし、たとえそうでなくても構わないのです。セミの寿命が1週間程度だと思われていたのを、実は違ったと発見した高校生のように、今まで常識とされてきたことを覆す発見をするかもしれませんね。

◆「なんでだろうね」

「なんでだろうね」の使いどころは少し難しいかもしれません。

こんな親子を見かけたことがあるのです。数字のシールを貼るドリルをしている2歳くらいの子どもとお母さん。子どもがシールを取ろうとすると、「1から順番に貼らなきゃダメよ」とお母さんが言いました。その後も子どもがシールを取ろうとするたびに、「順番でしょ」というお母さん。ついに「なんで?」と聞いた子どもに、お母さんの返事は「なんでだろうね」だったのです。この「なんでだろうね」は、子どもを潰します。

このときに子どもが学んだことは、「よく分からないけど、お母さんの言う通りにしなければいけないらしい」ということではないでしょうか。順番に貼らなければばいけない理由は、私には分かりません。このとき、順番に貼らなければいけないと言い始めたのはお母さんですから、なぜ順番なのか、お母さんは責任を持って説明しなければなりません。

子どもを伸ばす「なんでだろうね」は、自然のことや体のことなど、不思議だなと思えること。人間が決めたルールについては、きちんと説明しましょう。

◆大人の常識を押し付けない

いつも頭に置いておいてほしいのは、セミの話と同じように、**今ある大人の常識が正しいとは限らない**ということ。大人が思っている「正解」が、本当の答えではない可能性は十分にあるのです。

世間でも、業界や社内の常識を知る前の新入社員のアイデアで、大ヒット商品が生まれたりするものです。その昔、地動説を唱えたコペルニクスでさえ、当時の常識からは外れていて信じてもらえなかったのですから。

抱っこひとつとっても、昔は抱き癖がつくから抱っこしすぎてはいけないと言われ、今は泣いたら抱いてあげましょうと言われ、また最近は抱くことで姿勢が歪むと言われ……。何が本当なのか、何が良いことなのか、時代が進んでもまだまだ分からないことだらけなのです。

子どもの声にしっかりと耳を傾ければ、**子どもは大人が思っているよりずっと、いろいろなことを考えている**ことが分かるでしょう。子どもの考えていることも、面白い発想だなと思える大人の頭の柔らかさも大切ですね。

子どもの能力や感性を信じ、評価し、「すごいね」と言って育てられた子どもが「すごい子ども」に、そして「すごい大人」へと育っていくのだと思います。

◆限界を決めない

自分の思う当たり前や、勝手な基準で子どもの限界を決めてしまっている親も多いように思います。

世界一の選手が、子どもの頃からトップを走り続けてきた選手ばかりではありませんし、世界に名を残した偉人たちの幼少期は「優等生」だったとも限らないことは、よく知られていることではないでしょうか。

それでも、世界一になった選手の親が小さい頃に「あなたには無理よ」と言っていたら、その選手は世界の舞台にはいなかったでしょう。東大生の親だって、「あなたが東大に入れるわけがない」と言って育ててはいないはずです。

子どもが〇〇したいと言ったら、**どうすればできるのか、そのために今何が必要かを考えるのが親の役目。できるかできないかは親が判断するべきではありません。**何事もやってみないと分からない。いや、何事も正しく努力すれば必ずできる。むしろそう信じてやった者にしかできないのだと思うのです。

日常の細かいことから将来の夢まで、どんなことも、親ができる、できないと判断しないようにしましょう。親はどうすればできるかを考えて、アドバイスやサポートをするのみ。子どもを1人の人間として人格を尊重するというのは、そういうことではないでしょうか。

◆主導権は親

子どもを1人の人間として尊重する、そうあるべきだと思っているあまり、子どもの意思を尊重しようと子どもの言いなりになってしまう親や、子どもの意見を聞きすぎて悩む親もいるようです。

尊重することは、対等になるということではありません。まだまだ物事に対する理解も経験も、大人にはかなわない。自立するための練習期間である幼児期は、大人とは対等ではありません。

もちろん気持ちは尊重し、共感してあげなければいけませんが、子どもにとって初めて属する家庭という社会の中で、社会のルールを守るということは意識しておいてほしいのです。

ルールを作るのは、あくまでも親で、生活の主導権は親にあります。子どもには権利として、ルールを変えてほしいときには、親が納得するような交渉をすることができるようにしておきましょう。もちろん、親が納得できなければルールは変えられません。

何もかも自由に、ではなく、親の決めたルールの中で自由にさせてあげるのが基本です。そして子どもの理解に合わせて、なぜそういうルールなのか、きちんと説明すること。そのために、親は説明ができるルールにするべきですね。

世間の固定観念にとらわれず、信念を持って柔軟にルールを設定したり見直したりすることを心がければ、家庭という社会のリーダーとしての信頼も増すでしょう。

◆発達障害のこと

2歳の心配事として多いのが、発達障害。健診でも、2歳頃から発達障害の疑いがあると言われる子が出てきます。

まずは発達障害とは何なのか、しっかりと知っておくことが大切です。発達障害は、生まれつき脳の発達が通常と違うとされていますが、その程度も特徴も、大まかにはまとめられているものの、個人差が大きく、境目がはっきりしないものです。

昔なら「ちょっと変わった子」と思われていた子たちに発達障害という名前がつけられ、特徴ごとに細かく分けられたといっていいと思います。世の中には診断されないまま過ごしている大人もたくさんいて、著名人の中にもたくさんいると思われます。

見方を変えれば、今はまだ名前がついていないだけで、新しく脳の発達の特徴のあるグループをまとめて障害の名前をつければ、それに当てはまるという大人も子どももたくさんいるということになると思います。

つまり、発達障害は、特定の特徴が強いというグループ分けですから、**その特徴をよく理解することは子育ての助けに大いになる**と思いますが、それを子どもの短所のように見ることは、「普通」という枠の中に子どもをはめることになり、親も子どもも苦しくなってしまうというわけです。

◆発達障害の男女差

発達障害は女の子に比べ、はるかに男の子に多いといわれています。それも、発達障害の特徴を見れば納得、どれも男の子によくあることばかり。

学習障害は知能の話なのでさておき、他の子どもに関心がない、会話が繋がりにくい、繰り返しを好む、じっとしていられない、忘れ物が多い……などなど、どうですか？　男の子ならいくつか当てはまる子、多いのではないでしょうか。

息子も繰り返しが異常なほど大好きです。いろいろな面でしっかりしていると思う反面、忘れ物も多いです。あと何個か当てはまれば、あるいは私が育てにくいと感じ、医師に相談したり、子どもがトラブルを起こしたりしていれば、発達障害と診断される可能性もあります。

発達障害の原因のひとつは、「みんなと同じ」を好まない男の子の傾向を、育てにくさ、共同生活の送りにくさとして問題視した結果かもしれません。同じように女の子の特徴を困った子として寄せ集めれば、新しい障害の名前がつけられるかもしれませんね。

みんなと同じでないことが生きづらさや育てづらさになる社会が、発達障害の子どもが増えている一因でもあるかもしれません。

◆発達の凸凹は子育て×個性

そもそも、子どもの発達には凹凸があって当然。ロボットではないんですからね。その発達の凹凸が、親の子育て×子どもの持って生まれた個性の結果なのです。

親が子どもに、**標準的であることを望んでいる限り、天才にはなりません。一芸にも秀でません**。子どもを伸ばす親になるには、子どもの得意なところを見つける能力が必要です。

周りと比べてできないところを見つけ、不安になったり焦ったりすることは、子どもの自信を奪うだけです。それよりも、できることに目を向け、その分野で突出する能力を育ててあげた方が、親も子も幸せだと思いませんか？

凡人の仕事はどんどんなくなっていく時代。**自分にしかない発想、自分という強烈な個性を大切に**育ててあげてほしいのです。

実はこれは今の時代に限ったことではありません。過去の偉人を見ても、少し変わった子どもであった人がほとんどではないでしょうか。そして、それを認めた親がほとんどではないでしょうか。

不得意なことには、正しい働きかけを考えて、楽しくその能力を獲得できるように環境を整えてあげながら、得意なことをどんどん伸ばしてあげる子育てを心がけましょう。

◆便利になったものに注意

発達障害の子どもの特徴を知ることはとても大切です。発達障害の子どもは、多くの子は大して意識をしなくても獲得する能力を、意識的に獲得させる必要があるからです。

しかし、子どもの発達の段階をよく知り、働きかけていくことは、発達障害の子に限った話ではありません。同じように、**昔なら生活の中で自然と獲得した能力なのに、現代社会では意識的に与えなければ獲得できなくなったものもたくさんある**のです。

子どもの運動能力や視力が落ちているのも現代社会の結果ですし、食べ物の季節感なども、意識して教えなければ全く分かりませんよね。

他にも、圧倒的に少なくなったと思うのが、手首をひねる動き。ドアノブも水道の栓も、昔は回していたものが、今は押す、かざす、と簡単な動きでできるようになりました。家電も進化し、今では洗濯ばさみがない家庭もあるくらいです。手首をひねる動きも、洗濯ばさみで鍛えられる指の力も、子どもにとっては大切な発達です。

生活が便利になる一方で、便利になったから学べなくなったことがあるということを、いつも頭の片隅に置いておくことで、気づけることもたくさんあると思います。

◆兄弟関係のつくり方

2歳の心配事といえば、兄弟が生まれるときのこともそろそろ出てくる時期でしょうか。

もちろん、兄弟関係も親の誘導次第。特に、生活苦や災害など困難な状況で絆が深まることは多いと思いますが、現代の恵まれた生活の中で、勝手に本当の絆は生まれにくいと思います。

もちろん、兄弟ですから、なんだかんだケンカして、でも結局一緒に遊ぶという仲の良さは、当然あることがほとんどですが、**もっと深い部分での絶対的な絆**を意識的につくってあげたいものです。

何事も初めが肝心。生まれたときに赤ちゃんを見て、「かわいいー！」と言わせるのが最初の目標です。ですから、誘導は生まれる前から。お腹に赤ちゃんがいると伝えたときから、「赤ちゃんは、○○ちゃんに会いたがってるよ、楽しみだね」と赤ちゃんがお兄ちゃん・お姉ちゃんのことを大好きなのだと教えておきましょう。

人間は、自分への好意がある相手には自然と好意を抱くものです。特に子どもにとって、ゼロから好意を持つのは難しいことです。何も言われずに突然赤ちゃんが生まれれば、親の愛を奪うライバルにしかなりません。

生まれる前からインプットを、そして生まれてからも、「○○ちゃんのこと好きだからこっち見てくれたね！」「○○ちゃんのこと好きーって、指握ってくれたね！」と、「赤ちゃんは、お兄ちゃん・お姉ちゃんのことが大好き」をインプットしましょう。**生まれる前後のインプットで、兄弟関係の土台は良いものに**なりますよ。

◆上の子との愛着形成

兄弟関係より心配する人が多いのは、赤ちゃんにやきもちをやかないか、ということかもしれません。確かに**自分は親から愛されているという絶対的な、疑いようのない自信**がなければ、親の愛を奪い合うライバルの出現ということになってしまうでしょう。

そうならないためには、**下の子ができる前に、愛着を強固なものに**しておかなければいけませんね。これは年齢や、1日に何分スキンシップ、1日に何回好きと言ったかではなく、いかに0歳から愛情表現をして、叱らず子どもの人格を認めて、気持ちに寄り添って育てたかだと思います。

子どもの行動や言葉をよく観察し、親の顔色をうかがう、親の気を引こうとするなどの行動・言葉が見られる場合は愛着が不十分と捉え、接し方を見直してみてください。

◆愛情は伝えなければ伝わらない

愛着がしっかり形成されていると親が思っていても、子どもは意外なことを思っていたりします。**大人にとって、親が子どもを愛していることは当たり前ですが、子どもにとっては当たり前ではありません。**

どんなことも、言葉と態度で伝えることが大切です。子どものことがどんなに大切か、どんなことが嬉しくて、どんなことが悲しいのか、できる限り言葉で伝えましょう。これは大きくなってもずっと、年齢に合わせて伝えていってほしいのです。

テレビで報道される、いじめを受けて自殺をしてしまった子の遺書に「親には心配をかけたくなかった」という文がよくあります。心配をかけまいと我慢して、命を絶ってしまってからでは取り返しがつきません。

どんなことがあっても家族は味方で、困ったときは相談してほしい、大切な子どもが1人で悩んで相談してくれないことが、親にとってどれだけ悲しいことか、言葉で伝えておかなければなりません。親の当たり前が、子どもから見ても同じだとは限らないのです。

自分の当たり前には気づきにくいものですから、ニュースを見たり、人の話を聞いたりする中で、感じたことを子どもと話し合えるようにできるといいですね。

◆言葉の重みを教えましょう

いろいろな子どもを見ていると、自分の思い通りにならないイライラを、「ママ嫌い」「○○ちゃん嫌い」という言葉で安易に表現する子が多いように感じます。

本当に嫌いなら、ある意味いいのですが、本当は大好きなはずのママや兄弟、お友達に、軽々しく「嫌い」と言うべきではありません。思ってもいないことを言うこと、本当のことを言わないことは、後々、人とのコミュニケーションがうまくいかなくなる癖になるのではと思っています。

イライラをぶつけるために「嫌い」と言われたら、「はいはい、そんなこと言って～」と流してはいけません。「本当に嫌いになっちゃったの？　嫌いって言われたら本当に嫌われたと思ってしまうよ。嫌いって言われたら、とっても悲しい」と言葉を正面から受けましょう。

私も1度だけ、「もし本当に嫌いだと思ったときは、悲しいけど怒らないから、言ってもいいよ。でも本当に思っていないことは言ってはいけない」と息子に話したことがありました。

「怒られそうだから本当のことを言わない」でもなく、「腹が立ったから思っていないことを言う」でもなく、本当の気持ちを言葉にすること、自分の言葉に責任を持つこと、こういった**言葉の重みは、言葉を話せるようになったときから**教え始めましょう。軽々しく言葉を使う習慣は、後から修正できるものではありません。

◆ストレスマネジメント

子どものストレスと聞くと、どんな印象を受けるでしょうか。

精神的な負荷は、完全に取り除くことはできませんし、完全に取り除くべきではありません。ストレスを完全に排除するということは、無菌状態で育てるようなものですから、世の中で普通に生きていくことが難しくなってしまいます。

最低限のストレスとして、世の中にはどうにもならないことがあるということは何

歳だろうが教えなければなりません。どうにもならないことを受け入れるというのは、今後の人生において避けられないものです。

ただ、**そこに親の共感があるかないか**で、それが耐えられないストレスになるかどうかが変わります。チックや吃音などのストレス症状が出たからといって、ここまで話してきたことから外れてはいけません。決めたルールを曖昧にしたり、おやつやゲームで気をまぎらわせても、根本的な解決にはなりませんし、**甘やかすことでストレスは軽減しません**。

ストレス症状は、親に愛されているという絶対的安心感の不足です。**甘えさせて、甘やかさない**。ここまでを読み返し、親子関係を見直してください。存在そのものを認めてあげてください。厳しくしつけたり、嫌がる子どもに勉強をさせたりと、間違った幼児教育で子どもがストレスを溜め込んでいるケースがよく見られます。

◆食べ物の好き嫌い

ストレスは全て取り除くべきではないと言っても、与える精神的負荷は厳選しなければなりません。

例えば、させる必要のないことの代表として、「好き嫌いなく食べなさい」と言うことです。子どもが嫌いになりやすい苦味や酸味は、自然界では毒や腐ったものを見分けるための味ですから、これを嫌うというのは、**本能としては優れているとさえいえる**のです。

ですから、無理に食べさせる必要はありません。どうしても摂らせたい栄養素は、他の食材にも含まれているはずですし、調理方法を工夫することで食べられるかもしれません。

我が家では、餃子が大好きな息子たちに合わせ、よく餃子の具にいろいろなものを混ぜこんでしまいます。餃子なら何が入っていても食べる我が家の無敵料理です。

好き嫌いをさせないでおこうと無理に食べさせることは、かえって「この食べ物は嫌いだ」とインプットし続けることになるので要注意です。年齢と共に食べられるものも増えていきますから、幼児期には、我慢して息を止めて食べたり、毎回嫌いなものを残したりする習慣をつけないことを優先したいですね。

◆良い先生に出会わせる

習い事でのストレスを受けている子どもは、幼児から小学生くらいまで、本当に多いと思います。怒鳴りつけるコーチや、必要以上に拘束される塾。幼稚園も、習い事も、**教育に一番重要なのは「先生」**だということを絶対に忘れないでください。人格を形成する大切な時期に、「先生」として子どもに接する指導者には、人格も問われるべきです。

ここまで大切に全身全霊をかけて育てた我が子です。幼稚園や習い事を選ぶときは、実際に足を運び、指導者が本当に信頼できるかどうか、よく見極めてください。

私も幼稚園選びにこんなに苦労するとは思っていませんでした。初めに希望していた園での先生の対応に不信感を持ち、別の園を見に行っても納得できず、ようやく本当に通わせたいと思う園を見つけることができました。

小学校も、公立も国立も私立も全て視野に入れて考え抜き、本当に良い小学校に入れたと思います。

家庭から、外の社会に出ていく大切な時期。本当に信頼できる園や先生を見つけ、安心して送り出しましょう。

おわりに

生活が豊かになり、1人1人の子どもに手をかけられるようになった反面、子どもを甘やかしすぎる親や、自分のコンプレックスから習い事や勉強をさせすぎる家庭が増えてきていると思います。その結果、子どもとの親子関係に悩む姿をたくさん見てきました。

でも、どの親も、子どものため、良かれと思ってしていること。子どもを本当に1人の人間として育てていくとは、どういうことなのか、誰も教えてくれない、そんな今の社会を変えたいと思っています。

このメソッドが、子を持つ親はもちろん、親になることにためらいがある人や、将来家族を持ちたくないと考えている若者や中高生など、たくさんの人に広まり、「子育てって楽しいな」「楽しそうだな」と思ってもらえることで、少子化対策にもなるのではと考えています。

また、このメソッドで子育てに真剣に取り組んでもらえれば、必ず知能も高くなり、日本の学力向上にも寄与できるはずです。これからの未来を担う子どもを育てるという、個人にとっても社会にとっても、本当に大切な子育て。誰もが子どものためを思えば思うほどきちんと報われる、そんな子育てができることを願ってやみません。

著者プロフィール

岸本 尚子（きしもと なおこ）

家庭教育コンサルタント

2児の母。大学では心理学、特に発達障害について学ぶと同時に家庭教師を始め、卒業後は新次元思考テクノロジーを学ぶ。長男出産後、信頼できる育児ノウハウを求め、家庭教師の傍ら、大手幼児教室の講師資格を取得。講師として、次男出産を機に退職するまで入室率100パーセントの成績を残す。現在は0歳から15歳まで教えられるプロ家庭教師として、小学校受験、中学校受験、高校受験の全ての教科を指導。

生まれたその日からの 本当の子育てバイブル

問題が起きてから対処法を学ぶより、問題が起きない子育てを学びましょう

2021年2月15日　初版第1刷発行

著　者　岸本 尚子

発行者　瓜谷 綱延

発行所　株式会社文芸社

〒160-0022　東京都新宿区新宿1－10－1

電話　03-5369-3060（代表）

03-5369-2299（販売）

印刷所　株式会社エーヴィスシステムズ

ISBN978-4-286-22364-3